REENCONTRO
Memórias e Reflexões

Editora Appris Ltda.
1.ª Edição - Copyright© 2025 dos autores
Direitos de Edição Reservados à Editora Appris Ltda.

Nenhuma parte desta obra poderá ser utilizada indevidamente, sem estar de acordo com a Lei nº 9.610/98. Se incorreções forem encontradas, serão de exclusiva responsabilidade de seus organizadores. Foi realizado o Depósito Legal na Fundação Biblioteca Nacional, de acordo com as Leis nos 10.994, de 14/12/2004, e 12.192, de 14/01/2010.

Catalogação na Fonte
Elaborado por: Dayanne Leal Souza
Bibliotecária CRB 9/2162

C198r
2025
	Campos, Roberto de Moura
	   Reencontro: memórias e reflexões / Roberto de Moura Campos. – 1 ed. –
	Curitiba: Appris, 2025.
	   170 p. ; 21 cm.
	
	   ISBN 978-65-250-7409-2
	
	   1. Contos brasileiros. 2. Autoajuda. 3. Dor. 4. Sofrimento. 5. Liberdade. I. Título.
	
	CDD – B869.3

Appris editorial

Editora e Livraria Appris Ltda.
Av. Manoel Ribas, 2265 – Mercês
Curitiba/PR – CEP: 80810-002
Tel. (41) 3156 - 4731
www.editoraappris.com.br

Printed in Brazil
Impresso no Brasil

ROBERTO DE MOURA CAMPOS

REENCONTRO
Memórias e Reflexões

artêra
editorial

Curitiba, PR
2025

FICHA TÉCNICA

EDITORIAL	Augusto V. de A. Coelho
	Sara C. de Andrade Coelho
COMITÊ EDITORIAL	Marli Caetano
	Andréa Barbosa Gouveia (UFPR)
	Edmeire C. Pereira (UFPR)
	Iraneide da Silva (UFC)
	Jacques de Lima Ferreira (UP)
SUPERVISORA EDITORIAL	Renata C. Lopes
PRODUÇÃO EDITORIAL	Sabrina Costa
REVISÃO	Stephanie Ferreira Lima
DIAGRAMAÇÃO	Amélia Lopes
CAPA	Mateus Porfírio
REVISÃO DE PROVA	Lavínia Albuquerque

AGRADECIMENTOS

Boa parte deste livro é a história da minha vida, minha experiência com o bom e o ruim, com a alegria e a decepção e como aprendi a lidar com os sentimentos.

Todas as pessoas com quem convivi tiveram participação nesta experiência e a elas agradeço o que hoje sou.

Aos meus pais, aos meus irmãos, à minha esposa, aos meus filhos e netos.

Aos amigos, aos muitos familiares, aos professores e aos analistas, que colaboraram no meu autoconhecimento.

Às pessoas que fizeram parte da minha vida em momentos passageiros.

Até mesmo àquelas cujo convívio não me foi agradável.

A todos que contribuíram, de alguma forma, para que pudesse construir o meu caminho e a escrever este livro.

APRESENTAÇÃO

Na juventude, escrevia contos que guardava em uma pasta que só eu conhecia, porque julgava que, se outros tivessem acesso ao que escrevia, teriam ciência da minha loucura. Assim me sentia.

Ao longo da vida, o autoconhecimento gradual possibilitou-me senti-la de forma menos condenatória, passando por um período de liberação gradual. Hoje, sou um homem livre.

Tendo passado do grande sofrimento ao prazer de viver, o meu objetivo ao escrever e publicar este livro foi o de trazer alguma contribuição àqueles que, como eu no passado, veem a vida de forma pesada e quase imutável.

O veículo que me possibilitou a transformação foi o autoconhecimento, que fica transparente em vários dos textos escritos. Parte significativa do livro é escrito na primeira pessoa, porque é fundamentalmente a minha experiência.

PREFÁCIO

Conheci Roberto em 1967. Na época, éramos calouros na Faculdade de Economia e Administração da Universidade de São Paulo (FEAUSP), então localizada na Rua Dr. Vila Nova, quase esquina da Rua Maria Antônia, ruas que foram palcos de confrontos históricos, no ano seguinte, entre os alunos da FEA, bem como os da Filosofia, também da USP, e os alunos do Mackenzie.

Nossa amizade, certamente, não começou em virtude das convergências ou divergências nas posições políticas, tão exacerbadas na época, muito pelo contrário. Na verdade, teve início com nossas considerações sobre o livro *O inverno da nossa desesperança*, do escritor americano John Steinbeck, que ambos lêramos. Desses comentários, emergiu, imediatamente, um sentimento de grande afinidade e conexão entre nós, nascido do anseio pelo autoconhecimento e na busca de identidade e de significado para nossas vidas! Roberto já era, ainda que não estivesse claro na ocasião, um "Caçador de si mesmo". E o melhor de tudo é que continua sendo!

Recebo a versão pré-impressão do primeiro livro do Roberto, *Reencontro: memórias e reflexões*, juntamente ao seu honroso pedido para que eu escrevesse este prefácio! Começo a leitura e logo me comovo com o corajoso e sincero relato do meu querido amigo, ao descrever sua batalha para enfrentar e vencer seus fantasmas interiores. Posso bem imaginar sua dor e sofrimento, por não se sentir capaz de obter reconhecimento, aprovação e o amor de quem desejava, pois toda pessoa, sem exceção, precisa se sentir útil e amado para ter uma vida saudável.

No capítulo intitulado "Gentileza", Roberto, com base na sua própria experiência, mostra-nos a importância da autocompaixão no processo de autodesenvolvimento, ao escrever: "A verdadeira gentileza é a que praticamos com nós mesmos. É aceitar as nossas imperfeições e não nos culpar a cada falha, muitas das quais assim são sentidas, mas podem até não sê-las. Não se trata de sermos condescendentes conosco, mas, sim, justos, reconhecer que em meio às nossas imperfeições temos muitas coisas positivas".

No livro, o autor vai alternando reminiscências do seu contexto familiar, que iluminam as origens das suas questões pessoais, com outras que nos oferecem uma saborosa descrição dos usos e costumes do interior rural de São Paulo, nos anos 50. Na verdade, ambos relatos se interligam e se completam de forma a nos permitir uma compreensão mais ampla do escritor, na profundidade da sua dimensão humana.

A coragem para se desvelar com sinceridade é um imenso e generoso presente oferecido por Roberto, para nos ajudar a aceitar que "Todo patinho feio pode e deve se transformar no lindo cisne branco, que está destinado a ser!".

Tenho certeza de que a leitura deste livro será fonte de inspiração e autotransformação para todos os "caçadores de si mesmos"!

Leiam com o coração! Boa leitura!

Ricardo Porto
São Paulo, novembro de 2024

SUMÁRIO

QUEM SOMOS?	15
THOMAS PIKETTY E ADAM SMITH	16
MALDADES INFANTIS	19
HISTÓRIA	20
CAÇADOR DE MIM	22
SONHO DE ÍCARO	24
INCRÍVEL MUNDO	25
MEMÓRIAS	26
FEELINGS, MEMORIES	29
DE PROFESSOR A ALUNO	30
FUJÃO, LADRÃO	30
DOIS MOMENTOS DE SÃO PAULO	32
CONHECIMENTOS	34
LEONILDA	34
LENITA	35
FELIPINHO	37
PERCEPÇÃO E REALIDADE	38
SUICÍDIO DE GETÚLIO VARGAS	40
FACULDADE	41
INFINITO	42
ASTROGILDA	43
PÊNDULO	44
MAKSOUD	45
CANTÍDIO, MARCELLO E EU	48
INCÊNDIO	53

GAUDEAMUS	55
DOIS PROFISSIONAIS QUERIDOS	61
ESCORIAL, O SONHO	62
CERTEZA E DÚVIDA	64
ÁGUA	65
PERCEPÇÃO	65
REENCONTRO	67
ENDYMION	68
POR QUEM OS SINOS DOBRAM?	71
SAUDADES	72
INVEJA, GRATIDÃO E APROPRIAÇÃO	73
SÓ SEI QUE POUCO SEI	74
ATREVIMENTO	75
LIXO E TESOURO	75
MUDANÇA DE IDENTIDADE	76
EINSTEIN E FREUD	76
JULGAMENTO E PENSAMENTO	81
ENTIDADE MALIGNA	81
UMA PESSOA ESPECIAL	82
ATENÁGORAS	83
VISÃO DO PRÓXIMO	83
CRESCIMENTO	84
CRISE E OPORTUNIDADE	84
CONHECIMENTO	85
FRANCISCO	85
LOUCURA	86
O PREÇO DO PATO	87
POSSO SER FELIZ?	89

TERRA FIRME	90
ELIANA	90
ESPELHO	92
LEITURA DOS SONHOS	93
SÃO PAULO	93
JOSÉ MARTINS COSTA	95
ASSOCIAÇÕES EQUIVOCADAS	96
MUDANÇA SEM DESTRUIÇÃO	97
CONCEIÇÃO / CAUBY	98
EU ZARATUSTRA	99
CONTRAMÃO DO MUNDO	101
MOMENTO	101
MUNDOS ADULTO E INFANTIL	103
KISSINGER	103
AMOR DE PERDIÇÃO	105
APROPRIAÇÃO	107
PRECONCEITOS	108
LEITURA EQUIVOCADA	109
APRENDENDO COM AMADO BATISTA	110
RETROVISOR DA VIDA	111
ÉTICA	111
ENTENDENDO TRINTA ANOS DEPOIS	113
SOLIDÃO	114
FIM DO NAMORO	115
APEGO À VIDA	116
CÁSSIO	117
SONO NOTURNO	119
INSIGHTS	120

UM VIOLÃO	120
BOSSA NOVA	122
TRANSMISSÃO	124
RÁDIO DA FAZENDA	125
GENTILEZA	126
MÚSICA	127
ZAGALLO	129
FLUIR	130
VULNERABILIDADE	130
PROFESSOR HENRY	131
TODA LUZ QUE NÃO PODEMOS VER	132
MANIQUEÍSMO	133
SOBREVIVENTE	134
O DESBUNDE	135
UM SONHO	136
INCAPACIDADE	136
TUDO, NADA	137
FALTA	138
SONHO RECORRENTE	139
DEFESAS EMOCIONAIS	140
PENSAR E SENTIR	141
FAZENDA SÃO JOSÉ DO RIO DO PEIXE	142
A VOLTA DA VIAGEM DE AUTOMÓVEL	145
GARÇA	145
FAZENDA SÃO JOSÉ DO RIO DO PEIXE	146
REFERÊNCIAS	169

QUEM SOMOS?

Passamos grande parte do nosso tempo buscando entender o mundo externo, mas pouco ou nenhum tentando compreender a nossa realidade interna.

O nosso sentir está ligado ao ambiente inicial, como nossos pais se julgavam, como fomos julgados por eles e como sentíamos esse julgamento. A criança não tem valores prévios e é altamente sensível ao que ocorre em seu entorno, tendo ainda a necessidade vital de ser suprida e aceita, criando identificação com esse meio, que tende a ficar presente por toda a vida. Crescemos, mas a criança continua em nós.

Quando passamos para a fase seguinte, somos torpedeados pelos julgamentos da sociedade e como a necessidade de aceitação continua presente, absorvemos valores muitas vezes ausentes de qualquer julgamento próprio. Formamos uma personalidade com muita carga externa e pouca interna. E o que há realmente nosso em nós? Somos frequentemente uma mera caixa de reprodução.

Pode dar certo? A probabilidade é pequena.

É claro que muito vai depender da herança melhor ou pior do ambiente inicial e das pessoas com quem conviveremos nas fases seguintes.

Felizmente, o ser humano não é totalmente condicionado e em muitos casos consegue questionar os valores recebidos e, pelo menos, em parte modificá-los. É o caso das pessoas que conseguem ser elas mesmas e viver um mundo próprio.

O sábio persa Zaratustra, imortalizado por Nietzsche (alguns julgam ser seu *alter ego*), achava que a única forma de se conhecer era se distanciar temporariamente da civilização e se isolar de seus "ruídos", vivendo a sua própria solidão. Habitou durante longo tempo em uma caverna na floresta.

Não é qualquer um que consegue viver esse estado, introjetado em si mesmo. A maioria, ao invés, quando se depara com a solidão, vive o que Nietzsche chamava de "abandono", no qual o ser se sente isolado e anulado, o próprio nada.

Sempre fui um pouco Zaratustra e isso ajudou a conhecer um pouco melhor a mim mesmo.

Felizmente, houve Freud e seus seguidores que, por meio da psicanálise, forneceram instrumentos para que o ser humano conhecesse melhor a si mesmo. É um notável instrumento, mas que ainda tem alcance limitado, porque relativamente poucas pessoas dispõem de dinheiro e tempo para fazê-la.

Por outro lado, o desenvolvimento e a aplicação da psicologia a diferentes áreas faz com que esse alcance seja de alguma forma ampliado. E a própria cultura é uma alavanca para o bom senso, contribuindo para que "barbaridades" sejam menos praticadas no trato entre seres humanos.

Mas o autoconhecimento depende fundamentalmente de nós mesmos. Alguns se perguntam "Quem somos?" e por que assim somos e outros nada se perguntam nesse sentido.

Felizes os que se perguntam. O caminho que abrem é infindável.

THOMAS PIKETTY E ADAM SMITH

O francês Thomas Piketty está na moda. O economista e sociólogo propõe um homem e um mundo melhor. É contra o comunismo, pois bloqueia a criatividade e o desenvolvimento pessoal, e é, igualmente, contra o capitalismo, gerador de grandes diferenças.

Um indivíduo de alta renda chega a auferir cem ou até mil vezes o rendimento das pessoas que estão nas faixas mais baixas. Piketty argumenta que, caso esse múltiplo fosse de dez, continuaria a haver o estímulo à criatividade e ao desenvolvimento do indivíduo e a pobreza seria muito menor.

Cita o caso de Bill Gates. Reconhece que se trata de pessoa diferenciada e que trouxe contribuições significativas ao desenvolvimento.

Porém faz a seguinte ponderação: Bill Gates não desenvolveu os PCs e os notebooks do nada. Antes dele, diversos cientistas e inovadores foram responsáveis por evoluções que ele utilizou em seus desenvolvimentos. Seu grande mérito foi a capacidade de utilizar todos esses avanços e lincá-los, indo adiante no processo. Mas, ao passo que esses outros desenvolvedores se beneficiaram muito menos, em termos materiais, Bill ficou com a parte do leão. Segundo Piketty, não é razoável essa distribuição dos benefícios.

O escocês Adam Smith foi uma inteligência privilegiada. Muitos pensam nele como um grande economista, que tinha também bons conhecimentos de física (conceito de equilíbrio). Mas na realidade foi muito mais do que isso. Foi um grande conhecedor do comportamento humano e das razões e dos sentimentos que governam seus processos de tomada de decisão, sem categorizá-los em bons ou maus, éticos ou não éticos.

Se o preço está alto o consumidor deixa de comprar ou compra menores quantidades. Se o preço está baixo, ocorre o contrário. Do outro lado da transação, se o preço está alto, os vendedores estão dispostos a vender quantidades significativas e, se está baixo, o inverso. E essas forças em sentido contrário tendem a levar os preços e as quantidades a uma situação de equilíbrio. Simples assim.

Se compararmos o ser humano idealizado por Piketty com o de Adam Smith, o de Piketty é melhor. É bom, ético, preocupado com o próximo. O grande problema nas suas proposições é que se baseiam em um mundo de pessoas idealizadas, mas distantes das reais.

O ideal de reduzir as diferenças de renda, por exemplo, por meio de forte taxação das grandes fortunas e redistribuição desses recursos às pessoas de renda mais baixa, como defendido por Piketty, irá provocar a transferência das pessoas mais ricas e criativas para outros lugares, gerando empobrecimento local, que acabará sendo nocivo às próprias pessoas de renda mais baixa.

Talvez, o maior engano de Marx tenha sido supor que o trabalhador, ao trabalhar para o Estado, daria tudo de si, porque o Estado é dele próprio. O que a experiência comunista mostrou é que o Estado, para o trabalhador, é de ninguém. E por isso seu envolvimento com o trabalho acaba sendo mínimo. No sistema capitalista, o trabalhador tem que dar alguma contrapartida, seja para poder progredir ou, no mínimo, para atender seu chefe.

O que se pode perceber é que, quando se tomam decisões baseadas em hipóteses de comportamento do ser humano distantes da realidade, os resultados são equivocados e muitas vezes opostos aos que se deseja alcançar.

É claro que faz parte do ser humano querer melhorar as coisas e qualquer Governo que se digne deve perseguir isso. Mas é importante que as medidas a serem adotadas tenham como pressuposto o homem tal como ele é.

É preciso melhorar as condições de vida, reduzir as diferenças de renda e riqueza e garantir educação e saúde para todos. Mas é preciso não perder de vista que o ser humano está mais para Adam Smith do que para Thomas Piketty.

MALDADES INFANTIS

Fiz algumas maldades na infância. A mais cruel foi com o Alfredo.

Era um japonês, mordomo da casa de minha avó. Era muito lento em tudo, pensava e agia devagar, o que me motivava a fazer brincadeiras de mau (péssimo) gosto com ele.

No final da área de serviço, havia uma porta que dava para um hall, de onde saiam duas escadas, uma que levava para o porão, onde ficavam os aposentos dos empregados e outra com acesso ao segundo andar da casa.

Eu deixava a porta ligeiramente aberta e escorada nela e no batente colocava umas vassouras suspensas. Quando a abria, as vassouras caiam em cima dele e eu, rindo muito, corria para o segundo andar e trancava a porta de acesso. Ele tentava forçar o trinco, mas não conseguia abri-la. Fiz isso diversas vezes.

Na última, a porta estava fechada. Não sei se depois de tantas vezes a ficha dele caiu ou se minha avó ou uma das empregadas a fechou.

Foi horrível. Me espremia contra a parede, olhava fixo para os meus olhos e ameaçava, "da próxima vez te mato". Fiquei apavorado e, a partir desse dia, passei a tratá-lo com mais consideração.

Certa vez, quando meu avô fundou a Universidade de Campinas (Unicamp) e foi seu primeiro reitor, um jornalista ligou para conversar com ele.

Jornalista: "Gostaria de falar com o Magnífico Reitor".

Alfredo: "O senhor se enganou. Não há aqui ninguém com esse nome. É a residência do Dr. Cantídio e de Dona Bertha".

Fazíamos também maldades coletivas. Nos reuníamos em frente à casa da minha tia, trazendo dois ou três ovos cada um. Naquela época, as pessoas não fechavam as portas dos carros à chave, pois praticamente não havia roubos. Abríamos as portas e deixávamos um ovo sobre o assento do motorista. Como muitas mulheres ainda não guiavam, melecamos mais calças do que saias.

Quando me desligar desta vida e for levado à presença de São Pedro, para que decida se mereço o inferno ou o paraíso, vou alegar que crianças fazem maldades, mas que, desde que me tornei adulto, jamais fiz o mal a alguém.

Estou esperançoso, acho que o seu olhar de perdão irá prevalecer sobre o de condenação.

HISTÓRIA

Há muito, penso em quanto a história que nos é legada é, muitas vezes, distorcida.

Recentemente, li um livro/documento sobre a Revolução Paulista de 1932 e, com surpresa e até espanto, constatei que o principal aspecto para entender o fenômeno Getúlio Vargas não é sequer abordado pela história que nos é transmitida. O próprio autor do livro não dá importância maior ao fato, que é citado apenas marginalmente.

GETÚLIO VARGAS FOI UM SUBPRODUTO DA CRISE ECONÔMICA DE 1929.

Todos os demais fatores, mesmo que tenham tido uma certa relevância, foram secundários.

Antes da crise, o clima econômico estava um "céu de brigadeiro" para o governo de Washington Luiz. Os preços do café estavam elevados, a indústria paulista encontrava-se em franco crescimento, o desemprego era baixo e o dólar bem comportado. A eleição do candidato oficial para a presidência em 1930, o paulista Júlio Prestes, era praticamente certa.

O *crash* da Bolsa de Valores de Nova Iorque, ocorrido em outubro de 1929, virou a situação de ponta-cabeça e o céu de brigadeiro tornou-se mar revolto.

Frequentemente é citada a quebra do acordo da política do café com leite, em que governantes de São Paulo e Minas Gerais se revezavam no poder, para a explicação dos acontecimentos que vieram a culminar com a ascensão de Getúlio.

Embora a quebra dessa política implícita tenha tido importância, foi um fator de segunda ordem relativamente ao *crash* da Bolsa e ao consequente desarranjo da economia brasileira e mundial.

O fato de Washington Luiz ter indicado um candidato também paulista pode ter sido, inclusive, motivado pela sua certeza de que faria o sucessor, mesmo quebrando o acordo.

O que veio depois é bem conhecido. O candidato do governo venceu a eleição, ao menos pela contagem oficial e a oposição alegou fraude. O candidato à vice-presidente de Vargas, o paraibano João Pessoa, é assassinado, aparentemente por motivos pessoais, mas é alegada motivação política. Instala-se o Governo Provisório, com Getúlio Vargas na presidência.

Na eleição americana deste ano, ocorreu algo de certa forma semelhante. O principal fator determinante da vitória de Biden certamente ficará esquecido pela história (ou, no mínimo, relegado a segundo plano).

O fator a ser destacado será o caráter populista e autoritário de Trump, o que é uma realidade, mas o que realmente conflagrou sua derrota foi a pandemia do coronavírus. Antes dela, a reeleição de Trump era dada como praticamente certa. A economia vinha crescendo de forma sustentada e o desemprego era praticamente nulo.

Antes da pandemia, acompanhávamos as prévias do partido democrata com curiosidade, para saber quem seria o candidato a ser derrotado por Trump.

É bem conhecida a frase "A história é escrita pelos vencedores", mas nem todas as razões estão com os vencedores. Os perdedores podem ter importantes razões, que ficam, às vezes, eliminadas da história.

CAÇADOR DE MIM

"Com tanto amor, com tanta emoção,
o mundo me fez assim.
Quero saber o que me faz sentir,
eu caçador de mim.
Preso a canções e preso a emoções
que nunca tiveram fim.
Quero saber o que me faz sentir,
eu caçador de mim.
Nada fazer senão suportar o medo,

viver a amargura da mata escura.
Quero saber o que me faz sentir,
eu caçador de mim.
A estrada é dura,
mas longe se vai procurando assim.
Quero saber o que me faz sentir,
eu caçador de mim".

A letra e música é do conjunto 14 Bis, imortalizada na voz de Milton Nascimento. Há umas pequenas adaptações minhas à letra. Sinto-me à vontade para fazê-las, porque a música é minha também.

Durante toda a vida, fui caçador de mim. Sempre busquei, embora no fundo nunca acreditasse que pudesse encontrar. Minha arma era muito pobre, uma espingarda primitiva à pólvora, que era socada para entrar no cano. E o mundo era muito amplo e agressivo. Era Davi contra Golias, uma pequena espingarda à pólvora para me defender de um mundo imenso e ameaçador.

Apesar da minha incapacidade prossegui na luta. Como não tinha outro instrumento, a espingardinha sempre me acompanhou. Em um momento o mundo mudou. O aberto e o desconhecido, ao invés de assustadores, passaram a me encantar. Se sustos ainda vêm são breves e sinalizadores de desafios. A ignorância não mais me assusta. Sinto-me pequeno diante da grandeza do mundo, mas não mais tenho medo, pois sou infinito.

Aposentei a espingarda de pólvora, mas a guardo com muito carinho. Ela faz parte da minha história. E continuo buscando, é uma busca eterna. Continuo caçando a mim, só não me pergunto mais o porquê o faço. A procura é em si a razão.

SONHO DE ÍCARO

    Hoje acordei leve e solto, inspirado para escrever sobre a liberdade. É tudo na vida e tudo que sinto neste momento.
    Escuto a música do Biafra, fico rendido. Não é apenas uma bela letra, é uma obra-prima. Ao invés de compor sobre a liberdade, vou reproduzi-la.
    "Voar, voar, subir, subir
    Ir por onde for, descer até o céu cair
    ou mudar de cor.
    Anjos de gás, asas de ilusão
    e um sonho audaz, feito um balão.
    No ar, no ar, eu sou assim,
    Brilho do farol além do mais amargo fim,
    Simplesmente sol,
    rock do bom ou quem sabe jazz,
    som sobre som,
    bem mais, bem mais.
    O que sai de mim vem do prazer,
    de querer sentir o que não posso ter,
    o que faz de mim ser o que sou,
    e gostar de ir por onde ninguém for.
    Do alto coração, mais alto coração.
    Viver, viver e não fingir,
    esconder no olhar, pedir não mais que permitir,
    Jogos de azar, fauno lunar, sombras no porão.
    Fazer meu bem pra ser feliz.

Só no polo sul, não vou mudar do meu país,
nem vestir azul.
Faça o sinal, cante uma canção,
Sentimental, em qualquer tom.
Repetir o amor já satisfaz,
dentro do bombom há um licor a mais,
ir, até que um dia chegue enfim
em que o sol derreta a cera até o fim.
Do alto coração, mais alto coração".

INCRÍVEL MUNDO

Ao ligar o noticiário da TV, vi três notícias que chamaram minha atenção, duas do mundo humano e outra do animal.

Na primeira, o presidente Bolsonaro, de máscara (pouco comum), entra em um avião para fazer surpresa aos passageiros. O avião vira um pandemônio. Todos gritavam, alguns "fora", outros "lindo". Parecia que não havia qualquer reação de indiferença. Ou amor ou ódio. É de se pensar o que isso significa. O que existe em uma pessoa que inspira amor ou ódio, nunca sentimentos menos intensos?

Uma segunda notícia muito me emocionou. Um menino de nove ou dez anos pede aos pais para rasparem sua cabeça, em solidariedade a um amigo com câncer. Os pais, naturalmente, atendem ao seu desejo.

A terceira notícia foi do reino animal. Assisti a algo que consideraria inacreditável, se não tivesse visto. Em um determinado local, uma região ficou sem luz, porque um enorme urso subiu ao topo de um alto poste e lá mexeu nos troncos e nos fios elétricos. Fiquei perplexo com a cena e, antes de voltarem a mostrá-la, minha ficha caiu. Aquele enorme animal só poderia estar faminto e subiu àquela altura na esperança de que os troncos e fios pudessem matar sua fome.

Quando vi a cena pela segunda vez, percebi que estava certo. Tratava-se de uma região semidesértica, com grande escassez de alimentos. Nem passou pela cabeça dos jornalistas que essa era a única explicação plausível. Mas, passando do mundo animal ao humano, esse urso fez o que pessoas com alto grau de carência e de iniciativa fazem quando se encontram com o adverso agressivo. Enfrentam-no com todas as suas armas.

Incrível mundo.

MEMÓRIAS

Memórias, memórias,
trazem de volta ao passado e o faz vivo.
Fatos e pessoas, passado e presente
E o mundo fica mais amplo em dimensão temporal.

Desde jovem gostava de escrever contos, que guardava em uma pasta.
Não pensava em divulgá-los,
achava que não tinham valor.

Certa vez, escrevi um que julguei bom

e o enviei a um concurso literário,
mas não recebi prêmio algum.
Depois veio o envolvimento profissional intenso,
e com o tempo escasso deixei de escrever.

Retomei meus escritos,
Substitui os contos por memórias, reflexões e poemas.
Não sei se são realmente poemas,
talvez faltem técnica e estrutura para isso,
mas assim os chamo.

Meu irmão começou a escrever já adulto
e publicou alguns livros.
O último, pouco antes do seu falecimento, foi muito bom.
Me vem à memória uma estória
que me contou no início da juventude.
Se não me engano, citou as *Mil e uma noites*.
O escritor, personagem e herói da estória chamava-se Nasredin Hodja.
Consultando o Google, vi que se trata de um sábio turco do século treze,
   que escrevia, entre outras coisas, crônicas e sátiras.

Em um mercado árabe, um homem,
provavelmente com fome,
Olhava para dentro de uma tenda
que vendia comida preparada.
Ficou ali parado por um bom tempo.

Quando saiu, o dono da tenda cobrou-lhe um valor.

Ele não pagou e disse que não tinha cabimento pagar por uma comida que não comeu.

Já o proprietário da tenda insistia no pagamento,

alegando que o outro havia usufruído do aroma da sua comida.

Instaurou-se uma discussão e os ânimos estavam exaltados.

Nasredin, que por lá passava, ofereceu-se como mediador.

Perguntou então ao homem que estava sendo cobrado se tinha algum dinheiro.

O homem, amedrontado, disse-lhe que tinha apenas algumas moedas.

Nasredin lhe pediu emprestado o porta-moedas,

e o trouxe para bem próximo do dono da tenda,

agitando-o próximo de seus ouvidos.

Após, devolveu-o ao homem que estava sendo cobrado e lhe disse:

Pode ir! Sua dívida já está paga.

O dono da tenda sentiu-se indignado

e disse a Nasredin que sua decisão foi inaceitável.

E o mediador lhe disse:

Quanto a ele, usufruiu do aroma da sua comida,

Quanto a você, usufruiu do som do tilintar das moedas dele.

E foi-se embora.

FEELINGS, MEMORIES

Almocei no apartamento de minha filha no Dia dos Pais. Na pequena varanda, escutava músicas que vinham de um prédio em frente. Músicas românticas em diversos idiomas, português, inglês, italiano. Em particular, músicas de Morris Albert, *Feelings e Memories*, belíssimas, que me tocam profundamente.

À noite, acordei com essas músicas na cabeça. Profundas lembranças, nostalgias. Coisas que fizeram parte da minha vida e que não voltam mais, embora continuem presentes com toda a sua vitalidade e em toda a sua extensão.

Veio-me também à cabeça "Naquela mesa está faltando ele", que o Sérgio Bittencourt escreveu para seu pai, Jacó do Bandolim. Um amigo me havia enviado a música pelo WhatsApp. Lembranças do meu pai que, entre outras coisas, acompanhava maravilhosamente as músicas, batucando em caixas de fósforo.

Lembranças também do entorno, minha mãe, meus irmãos, a fazenda de café em Garça, os passeios a cavalo que duravam as manhãs inteiras. Natureza plena, pastos, rios, cavalos, o universo com toda a sua riqueza.

Tudo está longe, mas continua muito próximo. Continuo amando essas pessoas que fizeram e fazem parte da minha vida. Continuo sentindo pessoas, cavalos, árvores, rios e plantas como parte de meu universo interno.

DE PROFESSOR A ALUNO

Fui professor universitário e hoje sou aluno do Felipinho, meu neto.

Mostrou-me uma matéria ilustrada, com fotos sobre a terra, os planetas e as estrelas. Havia um dado que estranhei e lhe disse que a informação deveria estar equivocada, o diâmetro da terra seria de 12.700 km.

Disse-lhe que os pontos extremos do Brasil distavam aproximadamente 5.000 km entre si e, portanto, o diâmetro da terra não poderia ter apenas 12.700. Consultamos o Dr. Google e lhe mostrei que a distância do Oiapoque ao Chuí é de 4.200 km. Como o diâmetro da terra poderia ser apenas 3 vezes uma distância interna no Brasil?

Consultamos novamente o Dr. Google e, para minha surpresa, ele estava certo. O diâmetro da terra é realmente 12.700 km.

Na sequência, mostrou-me fotos e estimativas do diâmetro do buraco negro do universo, um número tão grande, difícil até de ser expresso.

FUJÃO, LADRÃO

Meu pai se interessava por política, mas costumava não se envolver nas eleições.

Entretanto, na de outubro de 1962, para o governo do estado de São Paulo, envolveu-se profundamente por ser amigo pessoal de José Bonifácio Coutinho Nogueira, um dos candidatos. Foi cabo eleitoral e participou da organização de reuniões e comícios.

Lembro-me, como se fosse hoje, do último comício de José Bonifácio, na Praça Roosevelt, centro da cidade. Foi no início da noite, lá pelas 20h00.

Muitos partidários combinaram encontro na pizzaria Paulino, na Avenida Consolação. O plano consistia em se encontrar lá, comer uma pizza e, ao final, engajar-se na comitiva que estaria descendo a Consolação em direção à Praça Roosevelt.

Era um ambiente de festa. Todas as mesas ocupadas, com bandeiras do candidato. Como combinado, ao final, inserimo-nos na comitiva que já ia descendo a Consolação.

Aí ocorreu a apoteose. Em sentido contrário, subindo a Consolação na pista oposta, vinha uma enorme comitiva do Ademar de Barros, que seguia para um comício no lado oposto da cidade. Foi uma gritaria total, todo tipo de manifestação, inclusive com muitos palavrões e xingamentos de parte a parte.

Os comícios eram contagiantes e o de José Bonifácio não foi exceção. Os primeiros oradores eram adeptos e políticos de menor expressão, vereadores ou deputados menos conhecidos. Gradativamente era a vez dos deputados mais expressivos, senadores e, por fim, o próprio candidato ao Governo.

A cada discurso, gritos e aplausos. Quanto mais importante os oradores, maiores as manifestações. E havia as palavras de ordem, que todos os participantes gritavam em coro. Os candidatos fortes à eleição, além de José Bonifácio, eram Jânio Quadros e Ademar de Barros.

Toda vez que era citado o nome de Jânio Quadros, os presentes irrompiam em gritos, "fujão, fujão, fujão!", em referência depreciativa à renúncia à presidência do país. Quando era citado o nome de Ademar de Barros, todos gritavam "ladrão, ladrão, ladrão!".

Quando saiu o resultado das eleições, Ademar de Barros foi o vencedor, com pequena margem sobre Jânio Quadros. O ladrão venceu por pouco o fujão e José Bonifácio teve votação bem menor. Perdemos mais uma eleição.

DOIS MOMENTOS DE SÃO PAULO

Um deles foi o último comício de Jânio Quadros na campanha presidencial de 1960, que ocorreu na Praça Ramos de Azevedo. Pouco antes da eleição, não havia mais dúvidas de que seria o vencedor. E o otimismo era geral, porque as esperanças em um grande governo eram muito grandes. A figura de Jânio era tão marcante que nem mesmo o apoio de Juscelino Kubitschek ao Marechal Lott ameaçava sua vitória.

O povo, que lotava não apenas a Praça, mas todas as imediações, estava exultante. Jânio Quadros era a certeza de dias melhores para o Brasil.

Vieram as eleições e, como esperado, a sua vitória foi esmagadora, com maioria absoluta (acima de 50% do total de votos). Deu no que deu. A nossa história tem mostrado que os salvadores da pátria conseguem enterrá-la ainda mais.

O que chama a atenção na eleição de Jânio é que, ao contrário de outros salvadores, como Collor e Bolsonaro, que eram vazios, mas souberam aproveitar os momentos de insatisfação com os outros candidatos, tinha uma carreira pública expressiva e bem sucedida, tendo inclusive lançado na política alguns nomes de primeira grandeza, como Carvalho Pinto e Faria Lima. Parece que o exercício do poder é realmente destrutivo.

Outro momento, na minha opinião o maior de todos, foi a comemoração da Copa do Mundo de 1958. A Rua Augusta era festa total, as pessoas gritavam, abraçavam-se.

Tenho convicção de que o time brasileiro de 1958 foi o maior de todos os tempos na história do futebol. Se os 11 jogadores titulares fossem impedidos de jogar, ganharíamos a Copa com os reservas. Alguns eram até superiores aos titulares, que acabaram sendo escolhidos por uma questão de conjunto.

Djalma Santos era lateral direito superior a De Sordi, Mazzola centroavante superior a Vavá e Pepe ponta-esquerda superior a Zagallo. Como volante/apoiador, Zito e Dino Sani eram fantásticos, deve ter sido uma escolha difícil para Feola. Acredito que estava certo ao optar por Zito, que, além de grande jogador, era líder.

Aliás, nesse aspecto, 58 também foi histórico. Além de Beline, capitão oficial do time, Zito, Nilton Santos e Didi tinham ascendência sobre os demais jogadores.

Quando, na partida final contra a Suécia, levamos o primeiro gol, o Brasil gelou. Didi, andando calma, mas firmemente, pegou a bola no fundo das redes do goleiro Gilmar (outro notável), colocou-a embaixo dos braços, levou-a e cravou-a bem no centro do campo para o reinício do jogo. Nesse momento, transmitiu para nossos jogadores e para todos que assistiam ao jogo o recado: "AGORA, VAMOS COMEÇAR A JOGAR". E foi aquela partida grandiosa que assistimos, uma goleada em final de Copa do Mundo, na casa do adversário.

Não vou falar de Pelé e Garrincha, para não ser óbvio.

CONHECIMENTOS

Meu filho enviou-me uma matéria que citava duas obras de um mesmo autor: *O que os alunos de Harvard sabem* e *O que os alunos de Harvard não sabem*. Dei muita risada pela finesse da percepção e a encaminhei para os amigos mais próximos. Não recebi nenhum retorno, não sei se não leram ou não captaram.

Ora, a somatória do que os alunos de Harvard sabem com o que não sabem representa a totalidade dos conhecimentos existentes. Jocosamente, ponderei que talvez tivesse perdido muito tempo em minha vida, lendo tantos livros para adquirir conhecimento. Poderia ter lido apenas esses dois e resolvido a questão.

LEONILDA

Foi minha professora, tinha nove anos e estava no terceiro ano primário. Belíssima, apaixonei-me perdidamente, só pensava nela.

Freud explicaria que se tratava de Édipo intenso. Fácil! Mas ele não a conheceu. Se conhecesse, veria que não era preciso édipo para me apaixonar.

Sempre tive vontade de revê-la, mas não tive essa oportunidade. Sei apenas que continuou professora por muito tempo, manteve-se bonita e se casou. Nada mais.

Se ainda estiver viva, deve ter entre 90 e 95 anos. Certamente, não faço parte do livro da vida dela, nunca soube da minha paixão.

LENITA

Lenita, Maria Helena, minha mãe. Era pequena de estatura, menos de 1,60 m de altura, muito brava.

Quando éramos pequenos e até um pouco mais, deva-nos grandes broncas quando fazíamos algo errado (??). Às vezes, ia mais longe e nos aplicava dolorosos beliscões.

Uma vez fui à forra. Estava jantando em casa o Romeu, um senhor italiano muito amigo da família. Eu estava ao lado dela na mesa e fiz um comentário que ela julgou inadequado. Deu-me um fortíssimo beliscão por baixo da mesa, que me doeu os ossos e a alma.

Retribui-lhe na mesma moeda. Também por baixo da mesa, apliquei-lhe um beliscão tão forte que ela ficou muda e branca por algum tempo. De dor e de susto.

Como estava com muita raiva, curti intensamente o momento. Foi um alívio liberar minha agressividade e essa sensação perdurou por uma boa parte do jantar. Mas, na medida em que foi se aproximando do fim, caiu-me a ficha e realizei que iria pagar muito caro por aquele gesto de bravura.

Assim que o jantar terminou e as pessoas foram para a sala, subi ao meu quarto e me deitei para fingir que estava dormindo. Algum tempo depois, escutei o barulho dos passos dela subindo a escada. Abriu a porta do quarto e acendeu a luz. Eu "dormia profundamente". Ela ficou algum tempo com a luz acesa, pensando se me acordava, mas acabou desligando e escutei seus passos descendo.

Ufa! Consegui escapar!

É claro que no dia seguinte a bronca veio pesada, mas parte do impacto emocional (e físico) já havia passado. Houve até clima para argumentar que o beliscão doeu demais e, afinal de contas, sou humano e tenho minhas fraquezas.

Meu pai também, de vez em quando (ou em muito), levava broncas, mas tirava de letra. Aliás, nunca vi um amor tão forte quanto o que tinha pela minha mãe.

Com alguma frequência, escrevia poemas para ela em que a descrevia como uma flor de candura. Minha mãe tinha muitas qualidades, mas jamais foi flor de candura.

Além das grandes broncas que recebíamos, os nossos amigos também levavam.

Durante muito tempo, moramos na casa de meu avô, uma mansão nas proximidades da Avenida Paulista, cujo arquiteto foi nada menos que Ramos de Azevedo. Como a casa era muito grande, com espaço para tudo, inclusive para um campo de futebol improvisado na garagem, era o ponto de encontro de toda a garotada que morava nas imediações.

Como todos conheciam essas "qualidades" da mamãe, alguns por experiência própria, quando ela aparecia no pedaço, os grupos começavam a se dispersar.

O Aldinho morria de medo dela. Era um menino bem educado, mas deu azar. Em uma das poucas vezes que exorbitou, ela o pegou em flagrante.

Tínhamos uma arrumadeira de seios muito avantajados. Quando passávamos por uma área gramada, atrás da cozinha, havia algumas roupas das empregadas estendidas no chão para secar. Ao ver o enorme sutiã que lá estava, o Aldinho deu-lhe um chute e jogou-o para o ar.

Exatamente nesse momento, minha mãe apareceu na porta da cozinha e assistiu ao sutiã se desprendendo da ponta do seu sapato em direção ao espaço. Deu alguns gritos que paralisaram o coitado de susto. Por alguns segundos, pareceu uma estátua.

Lenita, Maria Helena, minha mãe. Boa mulher, muito brava.

FELIPINHO

Deve ser difícil viver simultaneamente duas realidades diferentes. Esse é o Felipinho, meu neto.

Por um lado, é uma criança de sete para oito anos, com todos os desejos e necessidades de uma criança. Por outro, é um adulto com conhecimentos e percepções que poucos têm.

Recentemente, deu-me uma aula sobre o universo, explicando o funcionamento de planetas, satélites, estrelas e o buraco negro. Entre perplexo e maravilhado, fui consultar o Dr. Google, e lá estava o que havia me dito.

Hoje, ao descer do carro com ele, e sendo amante da natureza como sou, chamei-o para compartilhar uma belíssima visão. Uma pequena parte da lua brilhante e todo o seu contorno visível, embora quase apagado. Chamei-lhe a atenção de quanta beleza há na natureza e que depende apenas de nós perceber e valorizar.

O que ele me disse: "Vô, essa parte que você vê apenas o contorno é a sombra da terra projetada na lua e é uma prova de que a terra é redonda".

Apoplético!

Apenas por desencargo de consciência, consultei o Dr. Google, e lá estava.

Esse é o Felipinho. De um lado, uma criança, com todas as suas necessidades, de outro, um adulto brilhante. Não deve ser fácil abrigar dois seres tão diferentes dentro de si.

PERCEPÇÃO E REALIDADE

A percepção de mundo é individual. Exceto as coisas concretas, cuja realidade é definida, tudo o mais é abstrato e móvel. O pior que pode acontecer ao ser humano é não ter condição de navegar nessa mobilidade e ser fixo, imutável. Infelizmente, muitas pessoas se perdem no aberto e, em defesa, buscam um mundo fixo, como se isso as tornassem mais seguras. Aí, sim, as coisas se tornam inseguras, pois bloqueia-se o fluxo do pensamento e da reflexão.

A personalidade consiste fundamentalmente em viver a percepção e acreditar no próprio julgamento, sabendo que ele pode mudar em algum momento. Como dito por Pirandello, as coisas são o que nos parecem.

Um fator limitante de um ser humano é a necessidade de ser politicamente correto. É o abandono da personalidade, pela necessidade de ser aceito pelo outro. É deixar de ter os próprios valores.

Tenho constatado que a "realidade" que nos é transmitida pelos meios de comunicação tende a supervalorizar o ruim. Em parte, porque o objeto da notícia é predominantemente o negativo. Noticia-se, por exemplo, a guerra, com todas as suas barbaridades, mas pouco se noticia a paz. Noticiam-se as condutas desonestas, mas não as honestas.

E o ser politicamente correto se ajusta, muitas vezes, a essa visão de mundo que a toda hora nos é transmitida.

RACISMO NOS ESTADOS UNIDOS – *BLACK LIVES MATTER*

O mundo ficou chocado com a morte do negro George Floyd por um policial branco, por estrangulamento, em maio de 2020, em Minneapolis, Minnesota. Diversas manifestações ocorreram nos Estados Unidos e em outros países.

A cobertura do trágico evento nos jornais e noticiários ocorreu, muitas vezes, sob o título de "Racismo nos Estados Unidos". Em que pese ser óbvio o racismo no país, também é óbvio que o ocorrido não reflete a verdadeira situação racista do país, pois o policial assassino representa uma quase absoluta minoria da população branca.

É claro que os meios de comunicação cumpriram o seu papel, divulgando a brutalidade do ocorrido. Cabe às pessoas, contudo, separar o joio do trigo e não colocar toda a população branca americana no mesmo barco.

HOMOFOBIA

Situação semelhante ocorre, muitas vezes, quando há fatos chocantes de homofobia.

As coberturas, frequentemente, vão no sentido de quase identificar a população hétero como homofóbica.

PROBLEMAS ECONÔMICOS E SOCIAIS.

Em que pese a gravidade de questões como pobreza, desemprego, distribuição de renda e outros, a canalização dos meios de informação nesses temas leva, comumente, a uma visão de mundo mais negativa que a realidade.

Durante algum tempo, ficava surpreso quando via a cobertura, por meio da própria televisão, do noticiário de alguns países muçulmanos mais atrasados, como Afeganistão e Paquistão, e de países africanos de condições muito pobres de vida.

Como praticamente todas as notícias que me chegavam desses países eram negativas, tinha a impressão de que eram verdadeiras terras arrasadas. Mas, por meio das próprias coberturas, via locais com trânsito intenso de automóveis e edifícios e lojas que, se não eram de primeiro nível, mostravam a existência de um certo desenvolvimento e organização para pelo menos parte da população.

A informação é fundamental, não há possibilidade de prescindir dela, mas é importante termos condição de balancear o material que recebemos, sob pena de sentirmos o mundo de forma mais negativa do que a realidade.

SUICÍDIO DE GETÚLIO VARGAS

Getúlio Vargas se suicidou em 24 de agosto de 1954, uma sexta-feira. Na época, eu tinha sete anos e, é claro, nenhum interesse em política.

Estudava no primeiro ano primário do Colégio Santo Américo. Detestava o colégio, insuportável e, pior de tudo, estava no semi-internato, entrava cedo e saía apenas no final da tarde. A partir do momento em que chegava, a única coisa em que pensava era na saída. E o tempo não passava! Parecia que aquela... não acabava nunca!

No dia 24 de agosto, logo ao chegar ao colégio, os padres estavam na porta, informando os que ainda não sabiam e orientando para retornar para casa, porque não haveria aulas.

Fiquei exultante. Além de me livrar naquele dia, iria ficar três dias longe do colégio. Foram três dias ótimos.

Ao contrário dos dias de colégio, que eram intermináveis, o tempo passou rapidinho e logo voltou a segunda-feira. Mas a vida é assim.

Sou sincero e grato. Apesar do atraso, manifesto "muito obrigado, Getúlio Vargas".

FACULDADE

A faculdade de Economia da USP, quando lá estudei, ficava na Rua Dr. Vila Nova, próxima da esquina com a Rua Maria Antônia. À direita da esquina, por quem subia a Vila Nova, ficava a faculdade de Filosofia da USP e, em frente dela, o Mackenzie. Eram focos constantes de desentendimentos, alguns deles sérios.

O trecho era rico em diversidades e contradições. Extremistas de direita, extremistas de esquerda, moderados, alienados, boêmios e bêbados, toda variedade de seres humanos, enfim.

Nos intervalos entre as aulas, íamos a um café na Maria Antônia, em frente ao qual havia uma banca de jornal onde sempre parávamos para ler as manchetes da Última *hora*.

Dizia-se que se se amassasse um exemplar da Última *hora* correria sangue. Praticamente todo o jornal era dedicado às páginas policiais, mas as manchetes eram extremamente inteligentes e, frequentemente, mesclavam o trágico e o cômico.

Tínhamos um colega de classe boliviano, que assistiu ao curso devido a um convênio com a Bolívia. Esquisitíssimo, era totalmente introspectivo. Não conhecíamos a sua voz.

A Renata era nossa colega de classe. Não era propriamente bonita, mas tinha porte e um corpão convidativo. Em uma aula, o boliviano, que estava sentado em uma carteira ao lado da minha, começou a rir sem parar, embora fosse um riso abafado, sem emitir som algum.

Como nunca havia visto alguma manifestação dele, desviei a atenção da aula para verificar o que estava ocorrendo. A Renata, que estava sentada na carteira bem em frente a dele, ao se sentar, enroscou a saia em algum lugar da carteira e sua saia e calcinha deslizaram para baixo, deixando seu rego totalmente exposto, e ela não percebeu o ocorrido, com a situação se mantendo por um bom tempo.

Um dia, esse aluno causou perplexidade em todos nós. Após o cafezinho, ao pararmos na banca de jornal, deparamo-nos com uma fotografia dele, que tomava metade de toda a primeira folha da Última hora, com os dizeres: "Monstro tarado da USP deflora menina de seis anos de idade".

Ficamos paralisados, perplexos com o que víamos e líamos. Um colega de classe nos descontraiu, com um comentário gozador: "Tinha seis anos, mas corpinho de nove". O aluno do convênio sumiu da faculdade por uns dois anos, mas, quando estávamos completando o curso, voltou a frequentá-lo.

Memórias da faculdade.

INFINITO

Embora seja uma mínima partícula de um universo infinito, o ser humano também o é. O que assusta na infinitude é a falta, mas é a busca da falta que conduz o ser humano adiante. A causa da imobilidade é a fixação ao conhecido, devido ao medo do desconhecido.

O crescimento ocorre por meio da mudança dos nossos conceitos. Quando comecei a me abrir e a adquirir a capacidade de mudar, às vezes, ocorria-me um mal-estar pela constatação do engano preexistente. É como se o passado me definisse e condenasse à repetição, dificultando a percepção da nova visão mais rica.

O grande salto ocorreu quando a decepção pelo engano passado deu lugar à satisfação pela evolução presente.

ASTROGILDA

Fiz o terceiro e quarto anos primários no Externato Progresso Paulista, da grande educadora Sinhá Sevilha. Era um colégio pequeno, com poucos alunos por classe, a grande maioria filhos de pais e mães que a tiveram como professora e queriam dar aos filhos o mesmo padrão de ensino que tiveram.

Muitos anos mais tarde, quando meu pai já era idoso e não mais guiava, fui com ele e minha mãe a uma consulta médica dela. Ao sair do consultório, estava um trânsito intenso, e, na tentativa de escapar, comecei a pegar ruas laterais.

Acabei indo parar na Avenida Bandeirantes e me dei conta de que havia escolhido a pior alternativa, mas já era tarde. Tudo parado e a perspectiva era de continuar assim por muito tempo. Disse a eles que paciência era importante (como se não soubessem) e que aproveitaríamos o momento para pôr em dia a conversa.

Comecei a observar o entorno e, por incrível que pareça, era até agradável. Estávamos em frente a uma praça grande, toda gramada e com árvores, bem abaixo da ponte onde a Bandeirantes cruza com a Avenida Vereador José Diniz.

Havia uma placa "Praça Astrogilda Sevilha" e comentei com meu pai que era o mesmo sobrenome da Dona Sinhá, ao que me disse: "Ela se chamava Astrogilda". A Praça tinha o nome dela, inevitável lembrarmos a grande educadora que foi.

Um dia, ao entrar na sala de aula, disse-nos que havia ficado chocada com o português do motorista de táxi que a deixara na porta do colégio. Após fazer o pagamento, disse-lhe "obrigado", ao que ele respondeu "obrigado eu".

Se ainda estivesse viva, iria escutar agressões muito maiores à língua portuguesa, mas essa era a professora e educadora Astrogilda Sevilha.

Que Deus a tenha!

PÊNDULO

Na juventude, tinha o hábito de escrever contos, mas os achava sem valor. Não pensava em publicá-los, apenas os guardava em uma pasta.

Uma única vez escrevi um que considerei bom, "O Preço do Pato", o que me motivou a enviá-lo a um concurso de contos, mas não recebi prêmio algum.

Antes de enviá-lo, pedi ao historiador, escritor e amigo, Hernani Donato, que o lesse e fizesse a crítica. Ele me disse que gostou e fez uma observação central. Disse-me (escreveu-me, na realidade) que havia um detalhe interessante no conto, que era o fato de começá-lo como literatura infantil e gradativamente ir mudando a linguagem para literatura adulta. Destacou que era algo bastante original e que seria ainda mais meritório se fosse intencional.

Não foi intencional. Comecei a escrever e fui desenvolvendo a estória no tom que me fazia sentido e o produto final foi um início infantil e um meio e final adulto.

O amigo Hernani talvez não tivesse a dimensão de quão importante foi o comentário dele para mim. Foi o início de uma reflexão, na qual muito me envolvi e contei com a colaboração do Dr. Freud.

A literatura infantil do início era o eu criança, ainda latente em mim. A literatura adulta que se seguia era o eu adulto, que conseguiu evoluir, apesar da criança que ainda existia. Um pêndulo, que às vezes me levava mais para um lado e outras vezes mais para o outro.

Obrigado ao Hernani e ao Dr. Freud.

MAKSOUD

Acompanhei toda a trajetória do Hotel Maksoud, início, meio e fim. Mais do que isso, vivi toda a história da região em que foi instalado.

Morava na Rua São Carlos do Pinhal, em um apartamento bem em frente ao imenso convento de freiras carmelitas enclausuradas, que tomava todo o quarteirão abrangido pelas ruas São Carlos do Pinhal, Pamplona, Alameda Ribeirão Preto e Alameda Campinas, perfazendo uma área de aproximadamente vinte mil metros quadrados.

Depois de uns dois anos, mudei-me para a casa de meu avô, que ocupava a esquina da São Carlos do Pinhal com a Alameda Campinas, no lado oposto da mesma esquina ocupada pelo Convento. A casa era bastante grande, com cerca de dois mil metros quadrados de terreno e oitocentos de área construída, cujo arquiteto foi o grande Ramos de Azevedo.

Confesso que, desde criança, tinha dificuldade de entender a finalidade daquele enorme convento. As freiras viviam completamente reclusas, sem sequer serem vistas e os locais onde viviam e circulavam eram separados do exterior por grades de ferro cruzadas, semelhantes aos presídios de alta periculosidade.

Uma vez estive no interior do convento, onde consegui algum material sobre o Padre Miguel Hidalgo, que liderou o movimento pela independência do México. Havia sido escalado para apresentar um trabalho sobre essa figura histórica, no curso de História do Colégio São Luiz, onde cursava o ginásio. Quando me encontrei com a freira, que estava do outro lado da grade de ferro, estiquei o braço através da grade para um aperto de mãos e ela não retribuiu. Percebi, então, que o meu gesto havia sido indevido.

Fui diversas vezes assistir à missa que ali se realizava aos domingos. Era proferida em latim, os paramentos do padre eram bastante solenes e não faltava liberação de incenso pelos padres auxiliares.

Se tinha dificuldade de entender naquela época, hoje tenho absoluta convicção de que o funcionamento daquele convento se tratava de um absurdo que, por alguma razão medieval, a Igreja ainda insistia em manter. O conceito era de que tudo o que estava fora daquela área era pecaminoso e a única forma daquelas freiras manterem sua vocação e santidade era se isolando do mundo.

Quando saí da casa de meu avô, no início da década de 60, fui morar no Alto de Pinheiros, em casa que meus pais haviam construído. Só após isso, ocorreu a primeira mudança no quarteirão do convento. As freiras venderam metade da área para a Construtora Hindi, muito atuante na época, que ali construiu um grande conjunto de prédios. Continuava acompanhando tudo o que ocorria na região, pois meus avós continuavam lá morando e nossas ligações eram muito fortes.

Alguns anos depois, as freiras venderam a outra metade para o Hotel Maksoud, que se tornou referência em São Paulo, pela sua beleza, modernidade e alguns conceitos inteiramente novos. Adorava tomar café no bar interno, próximo à recepção e observar os quartos e elevadores de vidro, dando todos para o pátio interno do hotel.

Participei de muitas reuniões e congressos em suas excelentes instalações e presenciei espetáculos de música e teatro, sempre em grande estilo. Em uma dessas vezes, o próprio Henry Maksoud estava na plateia. Realmente, era o que havia de melhor em São Paulo.

O construtor do Hotel, engenheiro Henry Maksoud, foi um dos maiores especialistas na construção de barragens hidroelétricas no país. Sua empresa de assessoramento e consultoria nessa área, a Hidroservice, participou da formulação de diversos projetos hidroelétricos no país e contava com grande número de engenheiros e economistas em seu quadro funcional.

Infelizmente, para a sua empresa, a fase de construção de grandes usinas hidroelétricas no Brasil passou e as novas foram construídas no regime de fio d'água, com mínimos reservatórios de acumulação. A Hidroservice passou então a ter um quadro de funcionários superdimensionado e extremamente caro. As dívidas trabalhistas geradas acabaram levando à falência do grupo Maksoud e seu magnífico hotel. Uma lástima!

Mas o legado desse modelar hotel não pode ser anulado pelos problemas que determinaram o seu fim. Como tudo, teve o início, o ápice e o fim e é parte importante da história da hotelaria no país.

CANTÍDIO, MARCELLO E EU

Cantídio

Cantídio, meu avô, nasceu em uma fazenda, em Botucatu/SP, há cerca de 130 anos, mas nunca foi um homem do campo.

Saiu de casa aos 13 anos e foi estudar em Jacareí, no Vale do Paraíba, com vistas a se formar em Medicina. Fez o curso no Rio de Janeiro, pois, àquela época, não havia curso de Medicina em São Paulo.

Com Arnaldo Vieira de Carvalho e um pequeno grupo, foi um dos fundadores da Faculdade de Medicina da USP, tendo sido professor catedrático de Fisiologia e Terapêutica Clínica. Foi o primeiro diretor superintendente do Hospital das Clínicas, ocupando esse cargo por 25 anos. No Hospital, há um busto em sua memória.

Foi também secretário de Educação de São Paulo, no governo de Armando Sales de Oliveira, e primeiro reitor da Universidade de Campinas (Unicamp).

Na realidade, nunca se desligou do Hospital das Clínicas. Mesmo após sua aposentadoria, ia diariamente e ficava na sala que manteve, onde se informava sobre o que lá ocorria e recebia os médicos e outros amigos. Diria que a relação dele com o Hospital das Clínicas era de casamento.

Participou ativamente da revolução constitucionalista de 1932, onde era um dos redatores e subscritores dos documentos emitidos pelo alto comando da revolução. Após São Paulo capitular, exilou-se em Portugal por algum tempo.

Era homem de natureza simples. Apesar de viver em uma bela casa, contentava-se com pouco em termos materiais.

Gostava de viajar e o fazia com frequência, tanto por motivos profissionais quanto pessoais.

Uma vez fez uma viagem à China, onde ficou tempo razoável (talvez um mês) e esteve em diversas localidades, dormindo alguns dias em tendas comunitárias. Nessa viagem, teria estado com o Primeiro Ministro Chu En Lai.

Naquela época, os desenvolvimentos que ocorriam nos países mais desenvolvidos demoravam a chegar ao Brasil. Até as informações sobre esses desenvolvimentos eram lentas.

Em uma viagem ao país europeu, teve contato com a televisão, logo em seu início. Ao voltar a São Paulo, participou de uma reunião, na qual relatou aos presentes o que havia visto. Contou que, sentado em uma cadeira em frente ao aparelho, via-se em tempo real, uma pessoa transmitindo notícias ou pessoas conversando assuntos diversos entre si. Ao se despedir do grupo, um dos presentes comentou: "Que incrível! Um homem inteligente como Cantídio ficou biruta".

Era homem que escutava mais do que falava, um indicador de sua inteligência. Certa vez, ao tomar uma lotação (comum na época) até as proximidades do hospital, uma pessoa cujo *hobby* era caçar perdizes dizia para outra que caçava em um campo em Botucatu, onde dava um dinheiro para o campeiro que, em contrapartida, permitia-lhe a caça.

Contou rindo o episódio para os amigos. O detalhe era que o campo em referência era de sua propriedade. Ao ser perguntado se se apresentara ao caçador, dando-lhe um susto, disse que simplesmente não quis fazê-lo. Não é um procedimento muito comum à maioria dos mortais.

Com alguma frequência, suas atitudes eram pouco comuns.

Certa vez, quando meu pai fazia o Curso de Preparação de Oficiais da Reserva (Cpor) e saia de madrugada, dando carona a um colega de curso, deixou para esse a condução do veículo, para comer um pão. Logo, constatou que o colega era péssimo motorista e em pouco tempo o carro colidiu com a entrada de veículos de uma casa, na descida da Rua Pamplona. Ao descer do automóvel, constatou que não havia ninguém na casa.

Sem saber como encaminhar o problema criado, voltou para casa e contou ao seu pai o ocorrido. Para tranquilizá-lo, disse-lhe que o estrago na entrada da casa e no veículo não havia sido grande.

Ao chegarem ao local do acidente, depararam-se com a seguinte cena: o carro batido à entrada de veículos e a casa totalmente desmoronada.

Meu avô perguntou-lhe, sem perder a calma: "É isso que você chama de um pequeno acidente?". Meu pai, perplexo, disse-lhe que ao sair do local nada daquilo havia ainda ocorrido.

Após passarem o dia resolvendo o problema criado, meu pai confessou-lhe que era merecedor de uma bronca e estava preparado para ouvi-la, mas Cantídio lhe disse: "Se eu não lhe compreender, quem irá fazê-lo?". Realmente, pouco comum, mas esse era Cantídio.

MARCELLO

Marcello, meu pai, levou uma vida acadêmica. Foi doutor, livre docente e professor catedrático de Química orgânica na Escola Politécnica da USP. Foi o primeiro professor catedrático da Politécnica a vencer o concurso vindo de outra escola (Faculdade de Filosofia, Ciências e Letras da USP), superando o candidato interno da própria.

Escreveu livros e trabalhos acadêmicos lidos em diversos países e recebeu, por duas vezes, o Prêmio Jabuti, na categoria científica. Foi agraciado também com o Prêmio "Instituto

Roberto Simonsen", quando do lançamento do livro *Fundamentos da Química Orgânica*.

Assim como seu pai, era pessoa de pouca necessidade de bens materiais. Era quase um padre franciscano (voto de pobreza). Para ele, estar em um Rolls-Royce zero km ou em um fusquinha velho era a mesma coisa. É quase desnecessário dizer que era difícil presenteá-lo.

Uma passagem curiosa em sua vida foi a forma como era tratado nos almoços de domingo na casa dos meus avós. Ainda era a época em que um bem sucedido era médico, engenheiro ou advogado. Os seus irmãos eram tratados como Dr. Cant (forma reduzida de Cantídio), médico e Dr. Fernando, engenheiro e o cunhado como Dr. Eldino, advogado, ao passo que ele era tratado como "seu" Marcello. Certa vez, referiu-se jocosamente a essa situação, porque era o único realmente doutor (doutoramento) e também o único a ser chamado de "seu". Posteriormente, Cant também fez o doutoramento e foi professor na Escola Paulista de Medicina.

Se em alguns aspectos tinha semelhanças com Cantídio, em outros, tinha claras diferenças.

Embora fossem pessoas que viviam de forma simples e despretensiosa, Cantídio tinha ciência de que era diferenciado em relação a uma série de atributos, o que não ocorria com Marcello, cuja simplicidade beirava à humildade.

Cantídio era homem de visão mais ampla do que Marcello. Como homem do mundo que era, não tinha os preconceitos da religião, que estabelece de forma precisa o bom e o ruim, o correto e o incorreto. Dificilmente, algo o escandalizava. Já Marcello tinha os conceitos religiosos muito arraigados, vindos de sua mãe Bertha.

Penso que a maior semelhança entre eles era o sentimento de que todas as pessoas, independentemente de suas características pessoais e sociais, são seres humanos dignos de consideração e tratavam a todos igualmente. Daí terem sido referência para muitos com quem conviveram. Provavelmente, esse também é o maior legado que deixaram.

E eu?

Também sou pessoa muito simples. Tenho pouco interesse em automóveis, eletrônicos e roupas. Sou consumidor medíocre.

Não tive uma trajetória profissional brilhante, como a deles. Fui professor universitário (FAAP, Mackenzie e Faculdades Metropolitanas) e assessor econômico na Copersucar.

Frustração diante disso? Não. Percebo os motivos que me levaram a não alcançar níveis profissionais mais elevados.

Certamente, uma das razões foi exatamente ter tido referências muito altas. Como diz o ditado, "o maior inimigo do bom é o ótimo".

Mas não foi apenas isso. De certa forma, fiquei muito "preso" na infância, o que prejudicou o meu deslanchar. Oscilava entre a infância e a maturidade em um jogo que às vezes pendia para um lado às vezes para o outro.

Mas, como Cantídio e Marcello, sou referência positiva para todas as pessoas com quem convivo e convivi, nos campos profissional, familiar e entre os amigos e conhecidos.

Pode parecer estranho que tenha usado a palavra "conhecidos" de forma muito ampla. Ocorre que houve pessoas bastante importantes em minha vida com as quais tive relativamente pouco contato e penso que isso pode também ter ocorrido com terceiros em relação a mim.

Ocorre-me nesse momento um desses casos. Certa vez, ao descer a serra de Botucatu, deparei-me com um acidente automobilístico grande. Duas pessoas vitimadas estavam sentadas no acostamento, cercadas de outras no local para auxiliar.

Ao ver a cena, parei o carro para prestar a ajuda que fosse necessária. Uma das vítimas havia apenas fraturado a perna, mas a outra estava ensanguentada, totalmente muda ou inconsciente. Levei-as ao hospital da Universidade Estadual Paulista (Unesp), onde foram atendidas.

Após aqueles momentos e ainda por um bom tempo, perguntava-me o que teria ocorrido com aquele vitimado, se havia sobrevivido ou não.

Aproximadamente um ano após o acidente, recebi um telefonema dele. Tinha os meus dados pelo registro do hospital. Disse-me que devia sua vida a mim pois, segundo os médicos, se o atendimento demorasse mais dez minutos a perda de sangue seria irreversível. Ficou de voltar a me ligar para ir à minha casa conhecer-me pessoalmente. Essa nova ligação não ocorreu, mas senti um grande alívio ao saber o desfecho daquela situação.

INCÊNDIO

Cerca de 35 anos atrás, estava em uma reunião no Edifício Central, na Avenida Rio Branco, Rio de Janeiro. Um número elevado de pessoas participava, pois envolvia a cadeia produtiva e de serviços do setor de petróleo e da indústria química.

Em um determinado momento entraram, em pânico, duas secretárias na sala: "O Prédio está pegando fogo!". Vamos sair, mas não percam o controle.

Apesar do susto, ainda estava relativamente calmo. Entraram duas pessoas de mãos dadas, um homem e uma mulher, e transmitiram as instruções de como proceder.

"Nós dois vamos descer as escadas de mãos dadas e em ritmo natural de passo. Sigam-nos no mesmo ritmo e não acelerem de forma alguma".

Quando saímos da sala e entramos no corredor meus joelhos começaram a tremer, não via mais do que dois palmos à minha frente, era tudo fumaça. Vi mentalmente minha mulher e meus dois filhos, com a certeza de que não mais os veria.

O casal executou a tarefa de forma perfeita. Estávamos no oitavo andar e começaram a descer de mãos dadas (criando uma obstrução à passagem de apressados) em ritmo natural. Assim, alcançamos o térreo e a rua.

Lá ficamos um bom tempo, deixando a vida voltar à normalidade e reconstituindo, em nossas cabeças, o ocorrido. Entre vários comentários, um recorrente foi a excelência como o casal conduziu o grupo.

Não tinha a menor pressa de voltar. O meu voo de retorno a São Paulo estava marcado para o final da tarde e sentia que o momento era para reflexão. Algo daquela dimensão não poderia ser encarado apenas como um acidente de trabalho.

Revivendo o susto e apreensão, esse acidente mostrou-me um grande equívoco. Estava em uma fase em que me dedicava quase completamente ao trabalho, como se fosse o único caminho para, à frente, poder me dedicar mais a mim e aos meus. Ledo engano! Jogando a vida fora, como se o não vivido pudesse ser recuperado depois.

Foi um divisor de águas. Tenho observado que os "piores" momentos são, muitas vezes, os melhores, pois nos instam à mudança. É bem a "crise e oportunidade" chinês.

Relembrando os detalhes do ocorrido, voltou-me uma cena que me fez dar boas e gostosas risadas.

Uma das pessoas que costumava participar dessas reuniões era o Engenheiro Prates, o mais idoso do grupo, com mais de oitenta anos de idade. Era, naturalmente, tratado com muita deferência.

Ocorre que estava exatamente um degrau à minha frente na descida das escadas e demonstrava excelente preparo físico, parecia um cabrito de tanta agilidade. No perigo, remoçou muitos anos!

GAUDEAMUS

Fiz grande parte do curso primário e quase a totalidade do ginásio e do científico em colégios de padre, no Santo Américo e, principalmente, no São Luiz.

A catequese era muito intensa, quase desumana. Coitados de nós, que tínhamos que aceitar que éramos pecadores, condenados pelo fato de Adão não ter resistido aos encantos de Eva.

Mas havia também coisas boas. Uma delas era a música. Se a música não nasceu dentro da Igreja, no mínimo, ela o aperfeiçoou. Todos os padres cantavam bem, fazia parte de suas formações. Inclusive, como alunos, uma de nossas disciplinas era o canto orfeônico, uma vez por semana assistíamos às aulas do maestro Archerons.

Sou ligadíssimo à música e, certamente, os padres têm algo a ver com isso. Quando escuto a Ave Maria de Schubert fico arrepiado, porque volto no tempo. Todos os dias, na hora da saída, os padres do São Luiz a colocavam nos alto falantes.

MOSTEIRO DE SÃO BENTO

Apesar da razão ter me afastado dos fundamentos da religião, sempre apreciei as igrejas, devido à calma do ambiente e ao convite à reflexão. Além disso, algumas são belíssimas, como o Mosteiro de São Bento, com seus incríveis vitrais e pinturas internas.

Sempre que vou ao Centro de São Paulo, com o qual mantenho uma relação umbilical, aproveito a oportunidade para rever o mosteiro. Se for em uma quinta-feira, espero a chegada das 17h25 para assistir às sessões de canto gregoriano. Incrível o afinamento e a beleza daquelas vozes sincronizadas.

Certa vez, quando lá fui assistir à famosa missa das 10h00 do domingo, chamou-me a atenção a movimentação de pessoas na sacristia. Fui ver o que estava ocorrendo. Funcionários do convento vendiam bolos e pães de altíssima qualidade, produzidos pelos padres. Fiquei sabendo que os apreciadores de iguarias não perdiam a oportunidade de ter acesso àqueles produtos.

Para quem ficava embevecido com os vitrais e pinturas da igreja, com o canto dos padres e com o clima de fé que lá se presenciava, mais um prato cheio. Comecei a ver e ler o nome de cada um daqueles produtos.

De repente, vejo um pão/torta chamado gaudeamus. Perplexidade! Releio, para certificar-me que era realmente esse o nome. Gaudeamus foi um grande cavalo de corrida e a simples referência ao nome me trouxe intensas memórias à cabeça.

O comprei e pedi à atendente se teria condições de verificar qual o significado daquela palavra. Saiu por alguns minutos e voltou dizendo que nenhum funcionário sabia. Um padre, que estava nas imediações e observava, disse-me

"Gaudeamus significa júbilo". Imediatamente, veio-me à cabeça "gaudeamus vem de gaudeo".

Como conheço latim, sabia que o padre, ao citar o substantivo estava fazendo uma simplificação. Na realidade, trata-se do verbo no presente do subjuntivo (alegremo-nos, jubilemo-nos).

A torta/pão era excelente. Tinha massa dura, semelhante ao pão italiano, com nozes.

LATIM

Sempre tive muita afinidade com o latim. A semelhança com o português, que herdou muita coisa desse idioma e as declinações, que a tornavam extremamente lógica, quase matemática, faziam-na bastante acessível para mim. Até hoje, tenho um conhecimento bastante razoável da língua.

Lembro-me de alguns trechos da missa:

Padre: "*dominus vobiscum*".

Fiéis: "*et cum spiritu tuo*".

Padre: "*agnus Dei qui tollis peccata mundi*".

Fiéis: "*misere nobis*".

Os cursos de latim utilizavam muito as fábulas de Esopo. Lembro-me, na plenitude, de duas delas.

"*Rana rupta et bovem*" (a rã rompida e o boi): uma rã morava na mesma pradaria de uma vaca e morria de inveja desta, porque era grande e ela pequena. Concebeu, então, um plano para se equiparar em tamanho. Passava os dias inteiros à beira de um riacho, bebendo água e inflando, mas, antes de alcançar seu objetivo, estourou e morreu. Moral da estória: "não tenhas inveja, não queiras ser o que não podes".

"*Calvus et penti*" (o calvo e o pente): um calvo encontrou um pente e pôs-se a refletir. "Esse pente seria útil para muita gente, mas para mim de nada serve". E muitas coisas na vida são assim, valiosas para uns e sem valor para outros.

GAUDEAMUS

Gaudeamus foi um cavalo notável, de criação e propriedade do Haras São Bernardo, cuja farda, ouro com braçadeiras e boné pretos, ganhou diversas provas importantes do turfe brasileiro.

Era castanho escuro e de porte avantajado, com "empurradores" que impressionavam. Procurava a ponta, logo no início da corrida, característica que sobrecarrega os animais em distâncias mais alongadas.

Diga-se, de passagem, que essas duas características, porte avantajado e natureza ponteadora, eram dominantes nos crioulos desse importante centro de cria.

Gaudeamus fez parte do período de ouro do turfe brasileiro, onde grandes corredores, como Farwel, Escorial, Narvik e Major's Dilema se defrontavam. Entre outras provas, venceu o Derby Paulista, a mais importante dos potros em São Paulo.

Mas Gaudeamus participou de uma prova histórica, um divisor de águas no turfe nacional, em que ele foi a vítima. Foi o Grande Prêmio Cruzeiro do Sul, Derby Brasileiro (hipódromo da Gávea), de 1959, segunda prova da tríplice coroa carioca.

O grande Escorial, que já havia vencido a primeira prova, buscava a vitória também na segunda, para chegar à tríplice coroa. Seu proprietário, o estúdio Seabra, inscreveu três faixas na corrida, Lohengrin, Emocion e Esquimalt, com a finalidade de "quebrarem" Gaudeamus.

Gaudeamus foi montado por Gastão Massoli e Escorial pelo lendário Francisco (Pancho) Irigoyen.

No percurso, os faixas moveram uma perseguição impiedosa a Gaudeamus, cujas características não permitiam ser sobrepujado em momento algum. Em se tratando de um percurso de fundo (dois mil e quatrocentos metros), cansou no final, ainda finalizando em terceiro lugar em um campo numeroso, enquanto Escorial, em grande atropelada, dominava a corrida.

As condições tão adversas impostas a Gaudeamus nessa prova fizeram com que, a partir dessa data, fosse admitida a inscrição de apenas uma faixa nas corridas.

Ressalte-se que Escorial foi um grande cavalo e poderia derrotar Gaudeamus, mesmo sem o auxílio dos faixas. Mas guerra é guerra.

Escorial não apenas se tornou tríplice coroado carioca, como veio a vencer as duas provas mais importantes do turfe sul-americano, os grandes prêmios Carlos Pelegrini e Vinte e Cinco de Maio, na Argentina.

NAGEUR

Se Gaudeamus teve um acidentado Grande Prêmio Cruzeiro do Sul, o Haras São Bernardo ganhou-o duas vezes, em outras ocasiões, com a crack Corageuse e com Nageur.

O cavalo é um belíssimo animal, na minha opinião o mais bonito deles. Além da beleza, foi fundamental na vida do homem, como meio de transporte, de guerra e de prazer.

Nageur foi o mais belo cavalo que vi. Castanho escuro, musculoso, proporcionado, uma verdadeira obra-prima. Quando ia participar de corrida, eu ia ao paddock para vê-lo passear, beirava à perfeição.

Quando venceu o Derby Brasileiro, foi montado pelo jóquei carioca Audálio Machado. Em segundo lugar, chegou o também paulista Cisne Negro.

QUARTIER LATIN

Criado e propriedade do mesmo haras, foi o maior milheiro do turfe nacional em todos os tempos, vencendo as milhas internacionais de Cidade Jardim e da Gávea por dois anos consecutivos, além de diversas outras provas clássicas. Em quase todas as suas vitórias foi conduzido por Albênzio Barroso, apelidado de feiticeiro e o maior ganhador de estatísticas de jóqueis, em Cidade Jardim.

Como o ritmo de corrida da milha (1.609 metros) é muito intenso, Barroso corria no meio do pelotão e, ao entrarem na reta final, desenvolvia ação avassaladora, dominando os rivais.

HARAS SÃO BERNARDO

O haras pertencia à austríaca Baronesa Marie Elise Blanche Von Leithner, da família Rothschild, então a mais rica da Europa.

Por incrível que possa parecer (nos dias de hoje) ficava em São Bernardo do Campo, que depois se tornaria a cidade das chaminés, dominada por indústrias e berço do movimento sindicalista brasileiro.

A Baronesa e seu marido, que havia sido seu professor de tênis, além do haras tinham diversas outras atividades no país. Possuíam uma modelar empresa de equipamentos de escritório de precisão e uma belíssima fazenda em área de proteção ambiental em Campos do Jordão, onde plantavam diversas variedades de frutas e produziam geleias de alta qualidade. Na propriedade, havia uma belíssima casa de chá, com cenário visual deslumbrante.

A baronesa era também colecionadora de orquídeas, tendo desenvolvido uma variedade que veio a receber o seu nome como designação. Era uma pessoa que buscava a perfeição em tudo o que fazia e conseguia se aproximar muito dela.

Na velhice avançada, voltou a morar na Europa para lá finalizar os seus dias.

DOIS PROFISSIONAIS QUERIDOS

MINHA SECRETÁRIA

Acabei de saber que minha secretária faleceu. Conseguia entender a minha letra, quase ilegível.

A letra funciona no sentido inverso à de quase todas as outras coisas. Quanto mais se pratica algo, melhor se torna a qualidade. Com a escrita manual ocorre o contrário. Quanto mais se escreve, mais ilegível a letra se torna, pois se prioriza a velocidade à caligrafia.

Além de boa secretária, era bonita, educada, tinha bom astral e conseguia amenizar as tensões do ambiente de trabalho. Por razões que não me eram fáceis de entender, não se casou.

Espero que tenha passado o final de seus dias em paz, acompanhada das pessoas que lhe eram queridas.

MINISTRO

Desenvolvi alguns trabalhos com ele. Homem público de primeira grandeza, coisa pouco comum em nosso país, talvez influenciado pelo ex-presidente Afonso Pena, a cuja família pertencia.

Foi ministro da Indústria e do Comércio, secretário da Fazenda de Minas Gerais e ocupou diversos cargos públicos no setor elétrico brasileiro.

Uma ocasião tive uma surpresa com ele. Um empresário encontrou-o em um aeroporto e disse-lhe que gostaria de se atualizar em energia. Informou-lhe: "Há duas pessoas que conhecem profundamente energia no Brasil, o professor José Goldenberg e Roberto de Moura Campos".

Acompanhava e continuo acompanhando a área de energia no Brasil, mas, sem falsa modéstia, conheço alguns profissionais que conhecem a matéria com mais profundidade do que eu. Ele tinha uma avaliação minha melhor do que eu próprio.

Como homem que viajou o mundo a trabalho contava algumas estórias interessantes. Tinha em sua casa, em Belo Horizonte, dois tapetes persas que lhe foram presenteados por Sadam Hussein, ex-ditador do Iraque, após uma reunião sobre petróleo.

ESCORIAL, O SONHO

Sonhei com o Escorial à noite.

Era um dia comum de corrida de cavalos e um páreo comum. Entre os participantes, lá estava ele. Apesar do longo tempo que não o via (faleceu há muitos anos), o reconheci perfeitamente. Chamou-me a atenção que ninguém mais o reconheceu. Difícil entender como não reconheceram cavalo tão excepcional.

Comentei com um turfista ao meu lado que aquele era o grande cavalo e nada se falava dele. Lembrei que já deveria ter algo como quinze anos (idade muito elevada para um cavalo em corrida) e por isso estaria competindo em páreo tão insignificante.

Procurei na assistência os irmãos Seabra, seus proprietários, e nem eles lá estavam.

Quando acordei, com o sonho ainda bem fresco, caiu a minha ficha. Escorial não teria quinze anos e sim sessenta e cinco. Tenho dúvidas se ainda haverá algum neto seu vivo.

O que estará por trás desse sonho?

Naturalmente, muita coisa não consigo decifrar, ao menos nesse momento, mas há pontos que me parecem claros.

Tenho muita ligação com o passado. Faz parte da minha natureza e pelos muitos anos de análise que tenho. Além disso, apaixonado por cavalos e corridas de cavalos, o que aguça a memória quando esse é o tema.

Há outro ponto que me chama a atenção. Tenho, em passado ainda recente, alguns familiares brilhantes e com grandes realizações que, exceto para mim e para um pequeno número de pessoas, nada mais significam no mundo presente. O Escorial estaria nessa linha, brilhante no passado e conhecido no presente apenas por um pequeno número de entusiastas em cavalos.

Por que me chama a atenção essa falta de memória das pessoas? Será que tenho uma necessidade tão grande de ser lembrado e valorizado? Mas, se nada fica, não somos mais que nuvem passageira.

Por outro lado, se o universo maior se esquece de você, o seu entorno, seu universo menor, não se esquece e por meio daí você se perpetua e deixa sua marca.

E as competições, o que significam para mim? Sempre me senti perdedor, daí o Escorial, grande ganhador, ocupar um espaço tão grande em minhas memórias.

CERTEZA E DÚVIDA

Buscamos a certeza, mas são as dúvidas que nos trazem o crescimento.

Abelardo Barbosa, o Chacrinha, dizia em seu programa: "Não vim para esclarecer, vim para confundir". Além de capacidade criativa e comunicativa, era também um bom filósofo, o esclarecimento é o fim da reflexão.

Nada como percebermos enganos, alguns dos quais permanecem por longo tempo.

Estava em uma reunião em uma usina de açúcar. Após o almoço, conversávamos sobre generalidades e o Melo falou algo que, no momento, pareceu-me um contrassenso: "Você se torna um bom profissional quando não precisa mais pensar".

Como assim? O conhecimento aliado à capacidade de raciocínio é que faz um bom profissional. Como escutamos muitas bobagens, descartamos sumariamente muito do que ouvimos, mas o Melo era bom profissional e conhecedor da vida, não era pessoa dada a falar bobagens. O tempo passou, e de alguma forma o que disse ficou latente em mim.

Recentemente em uma conversa de economia com meu filho, fiz um diagnóstico instantâneo de uma questão que tinha alguma complexidade. A resposta não exigiu pensamento, foi automática. Imediatamente me voltaram à cabeça as palavras do Melo.

ÁGUA

Estava em meu escritório quando escutei, vindo da cozinha, "Terra, Planeta Água", de Guilherme Arantes. Meu irmão me veio à cabeça, via-o comigo. Senti o choro chegar, de forma copiosa, incontrolável. Água, fonte da vida, sem ela nada existe.

Uma vida juntos, alegria, tristeza, felicidade, sofrimento, ternura, compartilhamento, divisão, ciúme. Vida completa. O tempo passou, ele se foi, mas continua vivo em mim.

PERCEPÇÃO

O ser humano tem a capacidade de, em certos momentos, sentir o porvir, o que está por acontecer. É algo nato em nós e nada tem de sobrenatural, mas muitas pessoas não se permitem essa percepção. Caso algo ocorra nesse sentido, atribuem a uma simples coincidência. Na realidade, em assim fazendo estão empobrecendo, abandonando uma capacidade.

Pessoas que demonstram essa percepção são frequentemente interpretadas como videntes ou dotadas de um poder excepcional, quando estão simplesmente fluindo e sendo.

AYRTON SENNA

A primeira vez que me dei conta dessa capacidade foi na morte do grande piloto brasileiro. O meu pensamento não foi exatamente esse, mas muito próximo.

Fui dormir extremamente preocupado com a corrida no dia seguinte, em Ímola.

Senna não aceitava outro resultado que não a vitória. Dizia que o segundo lugar era derrota. Como nas duas primeiras corridas do campeonato mundial havia saído da pista e Schumacher havia vencido ambas, abrindo uma grande diferença de pontuação, sentia que ele iria partir para um tudo ou nada, o que implicava riscos. Não cheguei a pensar em morte, mas meu presságio para aquela corrida era muito ruim.

No dia primeiro de maio de 1994, já ocorreu um fato estranho. Sou madrugador, acordo sempre entre 5h00 e 7h00, mas nesse dia acordei muito tarde. Quando encontrei a Zizo, minha esposa, com a TV ligada na corrida, disse-me: "Você não sabe o que aconteceu". Eu já sabia, não foi necessário me contar.

Foi a primeira vez que me deparei com a capacidade de sentir o porvir e, daí para a frente, tornou-se habitual em mim.

TULIO

Tulio foi meu aluno na Faculdade Metropolitana. Já deveria estar próximo dos 60 anos, idade pouco comum para os alunos. Entrava na sala antes do início da aula para conversar comigo (e acredito que com os outros professores também) sobre a matéria que estava sendo ministrada.

Não era brilhante, mas tinha sede de conhecimento. Eu tinha dúvida se, devido à idade, o curso geraria algum ganho financeiro para ele.

Trabalhei muitos anos no centro de São Paulo e tenho uma ligação muito forte com essa área, que ainda se mantém, apesar da sua decadência. Depois, fui trabalhar no bairro da Mooca, mas nunca tive afinidade com o bairro.

Em um dia belíssimo, com céu todo azul, fui da Mooca para o centro e sentia saudades do que via. Estava até um pouco fora da vida real. O Tulio me veio à cabeça. Incrível! Pouco depois ele cruzou na minha frente.

Algum tempo depois, passei a vê-lo aos domingos, com sua esposa, pois passamos a frequentar a mesma pizzaria, na Rua dos Pinheiros. Embora não mantivéssemos grandes conversas, sempre trocávamos cumprimentos e acenos amigos.

MARTENS

Martens foi meu colega no Colégio São Luiz. Relacionava-me bem com ele, mas não era propriamente um amigo. Fiquei 40 anos sem vê-lo e foi uma única vez. Em um evento muito triste, diga-se, por sinal.

O filho do meu primo irmão havia falecido em um acidente e estava me vestindo para a missa de sétimo dia. O Martens me veio à cabeça e ficou por um bom tempo. Estranho me lembrar de alguém que há muito tempo não via e com quem não tinha ligação forte.

Na missa, lá estava ele. Tinha um apartamento em São Sebastião, litoral norte, assim como meu primo, e costumavam pescar e mergulhar juntos.

Em nossa conversa, não lhe disse que havia pensado nele pouco tempo antes. Certamente, me julgaria louco.

REENCONTRO

Estive recentemente no escritório da fazenda, que fica no porão, espaço que faz parte de quase todas as casas rurais de 150 anos de construção, como a nossa.

Enquanto trabalhava, meus netos desceram e se juntaram a mim. Em seguida, resolveram explorar uma parte do fundo do porão, que há anos eu não ia. Meu irmão usava muito essa parte, que servia de depósito para uma grande variedade de coisas: fertilizantes, sacarias, produtos veterinários, quadros de cavalos e uma pequena biblioteca.

Há muito tempo que não via aquela biblioteca e era quase como se a estivesse vendo pela primeira vez. Vários livros meus, que haviam sumido, lá estavam e havia também livros do Marcello, que eu não sabia da existência.

Comecei a folhar alguns deles, extasiado por os estar revendo ou tomando conhecimento de suas existências.

Havia um caderno repleto de observações escritas por meu irmão. Não me lembrava que ele tinha letra tão legível e bonita, ao contrário da minha, que com o tempo foi ficando cada vez mais ilegível.

Folhei um livro de um escritor totalmente desconhecido por mim e me deparei com uma parte denominada reencontro. Profunda pausa para meditação. É a palavra que mais tem estado em meu pensamento nos últimos dias. É o nome do livro que pretendo publicar *Reencontro. Memórias e reflexões*.

Além disso, é o próprio ambiente de reencontro de todos que por esse porão têm passado, meus bisavós, meu avô, meus pais, meus irmãos, meus filhos, sobrinhos e netos.

O momento é de reencontro, com as pessoas e comigo mesmo.

ENDYMION

Um sábado, após o almoço, estava lendo no terraço, quando meu amigo me trouxe uma bela publicação, encadernada em capa dura verde e vinho, cores da farda do Aga

Khan, um dos mais tradicionais criadores e proprietários de cavalos de corrida do mundo. Nela, estava a relação de todos os animais de seu haras na França (tem outro na Irlanda), com o detalhamento de suas linhagens. Passei a tarde curtindo o livro.

Em um determinado momento, veio-me à memória um cavalo de criação do Haras Guanabara, dos irmãos Seabra, chamado Endymion. Curioso, porque eu tinha cerca de 12 anos quando ele fez campanha e, embora tenha vencido alguns clássicos, não foi um animal de exceção. Lembrei-me até de sua farda, preto com boné vermelho. Continuou na minha cabeça por um bom tempo.

À época, eu e minha esposa frequentávamos aos sábados o cine Lumiére, na Rua Joaquim Floriano e, após a sessão, íamos a um dos restaurantes ou lanchonetes da rua. Como os filmes eram invariavelmente bons, não consultávamos com antecedência e só sabíamos o que estava passando no momento de comprar as entradas.

Esse dia o filme era *Brilho de uma paixão*, um dos mais bonitos que já assisti, que mostrava a vida de John Keats, poeta inglês do final do século XVIII e início do XIX. Apesar de muito famoso, desconhecia sua existência.

Keats e sua esposa Fany Browne viveram uma paixão. Ela pertencia à média nobreza inglesa e vivia em um casarão/palácio, com seus pais e uma irmã. Seu pai não aceitou o romance e posterior casamento, pois, como simples poeta, não tinha condições de proporcionar o padrão esperado para a filha.

Keats havia estudado para ser cirurgião e farmacêutico, mas não deu continuidade. Tudo o que queria era se dedicar à poesia. Jamais se insurgiu contra seu sogro, a quem dizia compreender, por desejar o melhor à filha.

Era um naturalista e ia com Fany Browne a lugares belíssimos, que traziam grandes inspirações aos seus poemas. Como também sou naturalista, foi um ponto de identidade.

Desde jovem escrevo, mas o meu ambiente sempre foi a prosa, não tinha maior afinidade com a poesia, que me parecia muito elaborada, válida como trabalho literário, mas muitas vezes faltante em espontaneidade e naturalidade. Talvez, essa visão seja uma distorção, mas assim sentia.

Em um determinado momento do filme, John Keats diz não haver sentido na poesia sem espontaneidade e naturalidade. Me vi nele. Incrível quanta convergência de pensamentos e de sentimentos!

Keats teve vida curta, faleceu aos 25 anos, com tuberculose, mas deixou uma obra extremamente rica e foi referência para muitos poetas.

Quando o filme encerrou, me mantive sentado. Após o final, foram apresentadas aquelas páginas em letra branca, comuns em filmes da época, com nome do diretor, dos artistas, do roteirista, dos fotógrafos e por aí afora. Na última linha, "AS POESIAS DE JOHN KEATS FORAM REUNIDAS EM UMA OBRA DENOMINADA ENDYMION".

Continuei imóvel na cadeira por mais algum tempo. Havia me antecipado ao filme, o pressentido.

Procurei o significado de Endymion. O único conhecimento prévio que tinha é que se tratava de uma palavra grega. Está ligada à contemplação da lua e faz parte da mitologia grega. Três pessoas se chamariam Endymion: um príncipe, um pastor de ovelhas e um astrônomo, todos contempladores, como John Keats, como eu.

POR QUEM OS SINOS DOBRAM?

Em seu clássico livro, Hemingway buscou seu título em John Donne, religioso e poeta inglês do final do século XVI e início do XVII.

"Nenhum homem é uma ilha, isolado em si mesmo; todos são parte do continente, uma parte do todo. Se um torrão de terra for levado pelas águas do mar, a Europa ficará diminuída, como se fosse um promontório, como se fosse o solar de teus amigos ou o teu próprio; a morte de qualquer homem me diminui, porque sou parte do gênero humano. E por isso não perguntes por quem os sinos dobram; eles dobram por ti".

Em "Meditação", John Donne.

Nos tempos atuais muitos passaram a julgar que os sinos dobram apenas para si e para um pequeno grupo de pessoas. Certamente, jamais se depararam com as palavras de Donne.

Mas, indo mais longe, porque a pergunta "Por quem os sinos dobram" tem atravessado gerações? Afinal, há uma infinidade de perguntas que se podem fazer e poucas sobrevivem tanto tempo.

A origem está na idade média, onde a atividade fundamental era a agricultura e as comunidades eram de tamanho reduzido. As pessoas se conheciam ou, no mínimo, tinham algum conhecimento da vida do próximo.

A medicina era muito precária e as pessoas, muitas vezes, faleciam ainda moças, assim que algum problema de saúde surgisse. E nessas pequenas vilas, logo que uma pessoa falecia e as igrejas eram informadas, tocavam os sinos, anunciando a sua morte.

Como os moradores se conheciam, toda vez que os sinos tocavam, paralisavam momentaneamente suas atividades e se perguntavam: por quem os sinos dobram? Quem faleceu?

Cada morte era sentida por todos. O mundo era mais igual e mais fraterno. Sempre houve minorias dominantes, mas com a exceção de um pequeno número de pessoas, todos eram iguais ou próximos a isso.

Com a evolução e a crescente criação de novas atividades e categorias, o homem começou a se castificar e a se diferenciar dos demais. Para muitos, os sinos passaram a dobrar apenas para um seleto grupo.

Ledo engano, em assim fazendo ao invés de expandirem o mundo o reduziram. Como dizia Donne, os sinos dobram por todos.

SAUDADES

Saudades do FUKUDA,
da cabaça que corria atrás dos meus filhos e sobrinhos,
amarrada a um pedaço de pau segurado por ELE.
Corriam muito para não serem pegos,
tinham, ao mesmo tempo, medo e amor àquela figura.

Saudades dos ÍNDIOS CAGUIRAS,
que habitavam um bosque perto da fazenda,
que por lá passávamos em nossos passeios a cavalo.
As crianças perguntavam o que havia naquele bosque escuro,

em que a luz pouco penetrava,

e ELE lhes dizia que o bosque era habitado por índios da TRIBO CAGUIRA,

mas que não se preocupassem se algum dia encontrassem um desses índios,

porque eram muito bonzinhos e tratavam bem a todos,

especialmente às crianças.

Saudades DELE que, na fazenda, colocava todas as crianças dormindo em um grande quarto,

e contava estórias até todos estarem dormindo.

Saudades DELE, que tanto influenciou minha vida e a das pessoas que com ele conviveram.

Saudades do MEU PAI.

INVEJA, GRATIDÃO E APROPRIAÇÃO

A inveja está em todos os seres humanos e a gratidão é o sentimento oposto e mais evoluído, como nos mostra Melanie Klein. Enquanto na inveja transformamos o positivo do outro em negativo, por nos causar sentimento de inferioridade, na gratidão o positivo é visto sem barreiras.

A gratidão permite que nos apropriemos do que vem do outro, sem nada haver de ilícito na apropriação. Ao contrário, quem gerou o positivo que incorporamos sente-se recompensado pela expansão do que há de bom em si. É como o professor, que se sente recompensado pelo aprendizado do aluno.

O invejoso não consegue evoluir, porque é uma muralha que nada absorve do externo.

Muitas vezes, sentimos gratidão por pessoas com quem tivemos pouco contato, às vezes até de forma circunstancial, mas suficiente para gerar algo marcante em nós.

Além da inveja, o preconceito impede o progresso pessoal, pois cria verdades absolutas (e falsas) que impedem qualquer evolução. Um preconceito comum é a ideia de que pouco temos a aprender com pessoas mais simples, que não têm o mesmo nível de conhecimento formal que o nosso. Ledo engano, frequentemente essas pessoas têm muito a nos ensinar, até por conviverem mais com a simplicidade.

SÓ SEI QUE POUCO SEI

Que sabedoria, Sócrates e Platão com o "Só sei que nada sei" ou "Sei apenas que nada sei". Teria sido dito por Sócrates, mas dado ao conhecimento por meio de Platão, embora não haja texto algum que faça referência à frase.

Penso que o que realmente queriam dizer é "pouco sei" ou "muito pouco sei". No fundo, estou dialogando comigo mesmo. Muito sofri por sentir e viver o "nada" e me libertei ao sentir o "pouco".

Pelas minhas características de "exagero Interno", qualquer não entendimento assumia o significado total e trabalhei essa questão durante anos.

Acabei entendendo a diferença entre o zero e o pouco, mesmo que seja o muito pouco. O zero me levava ao nada, o pouco é o infinito, o convite permanente para ir em frente e saber mais.

ATREVIMENTO

Quem sou eu para questionar Drummond, Vinicius e Jobim?

A eles minha reverência, mas sou atrevido. Ao invés de "tristeza não tem fim, felicidade sim", digo "felicidade não tem fim, tristeza sim".

Ao longo do caminho, há fracassos e tristezas, superações e realizações. Mas, se conseguimos construir algo, é o construído que nos define.

LIXO E TESOURO

Durante a juventude e por muito tempo na fase adulta, tinha pensamentos sobre os quais não tinha o menor domínio. Essa ausência de controle dava-me sentimento de loucura, de insanidade. A ausência parcial de controle era sentida como total.

A música, por exemplo, gerava em mim um imenso canal de fixação, que muitas vezes impedia o meu envolvimento externo. Me questionava se amava ou odiava a música. Por um lado, a atração interna pelo som era muito forte, mas, por outro, ficava bloqueado para outros desenvolvimentos.

Nessa época, julgava que o ideal seriam as pessoas de "cabeça vazia", que conseguiam canalizar toda a sua capacidade às ações e realizações externas.

O tempo e o autoconhecimento foram me mostrando exatamente o contrário. As pessoas predominantemente focadas em questões externas são pobres, criam pouco. A verdadeira riqueza interior está na multiplicidade e, de certa forma, na própria ausência de controle do pensamento.

A vivência foi me mostrando que o que julgava tesouro era lixo e que o lixo era tesouro. Essa constatação mudou completamente a forma de sentir a mim mesmo.

MUDANÇA DE IDENTIDADE

Mudei a minha identidade. O RG continua o mesmo, a mesma filiação, a mesma data de nascimento, mas o proprietário do documento é outro.

O mesmo caráter, os mesmos princípios, porém mais livre, mais solto. Sou o mesmo e sou outro.

EINSTEIN E FREUD

Em 1931/32, a Liga das Nações Unidas, antecessora da ONU, convidou Albert Einstein a, juntamente a intelectuais de sua escolha, desenvolver pensamentos e ideias que contribuíssem para a redução dos riscos de guerra. Einstein escolheu Sigmund Freud para, juntamente a ele, desenvolverem o tema, o que fizeram por meio de troca de cartas.

Criou-se a ligação entre o maior conhecedor do mundo externo ao homem, o mundo físico e o maior conhecedor de seu mundo interno, o universo emocional, na tentativa de indicar ações no caminho da paz.

Apesar disso, alguns anos depois, o mundo deparou-se com Adolph Hitler e ambos foram levados a imigrar para sobreviver, mas nem por isso o trabalho de ambos caiu no esquecimento e é uma referência sempre que o tema paz é abordado.

A razão que me motivou a escrever é a profunda admiração pelos dois gênios, que tanto contribuíram para a humanidade. No caso de Freud, tenho inclusive profunda gratidão, pois a psicanálise, da qual foi o precursor, possibilitou-me alcançar a infinitude interna.

Diversas matérias têm sido escritas sobre as cartas. Concatenei meu texto com base na excelente publicação da *BBC News*, "Por que a Guerra?", e em apresentação de Glauber Ataíde, com o mesmo título, para um curso de introdução à filosofia.

Menciono também os meus psicanalistas, Edmundo Leal de Freitas, Ruy Luz Monteiro, Felix Gimenes e Valy Giordano, em ordem cronológica, que me possibilitaram o conhecimento do mundo interno, sem o qual não teria condição de escrever sobre o tema.

Todas as limitações e eventuais incorreções do texto devem-se ao meu conhecimento elementar de psicologia e muito primário na área do direito, nada tendo a ver com as fontes e pessoas citadas. Mas nem por isso deixei de lado a ideia de escrever sobre os dois grandes gênios, reconhecendo se tratar de um certo atrevimento de minha parte.

Duas menções, não essenciais, mas que vale a pena registrar:

Einstein e Freud estiveram juntos presencialmente apenas uma vez, na residência do filho de Freud, em Berlim, alguns anos antes de iniciarem a troca de cartas. Freud comentou

"Einstein entende tanto de psicologia quanto eu de física. Foi um encontro muito agradável".

Com todo o reconhecimento de Einstein ao trabalho de Freud, tinha também grandes dúvidas sobre a sua efetividade, pois as teses em psicologia não têm comprovação factual, como ocorre na física. Com o tempo a sua aceitação foi aumentando.

Em uma de suas cartas, Freud menciona a inveja (que não tinha constrangimento algum em declarar) que sentia de Einstein, por ser um cientista de reconhecimento mundial, enquanto ele era frequentemente contestado, até mesmo por pessoas ignorantes em psicologia.

Chamava a atenção de Einstein a trivialidade com que os homens se inclinavam para a guerra, às vezes por motivos pouco relevantes, o que parecia ser indicador de uma tendência do ser humano.

E Einstein estava certo. As análises dos impulsos de Freud indicavam claramente os impulsos de criação, de construção, que chamava de impulsos de vida, simbolizados por Eros e os impulsos de destruição, que no limite poderiam levar ao suicídio e à guerra. Tais impulsos são naturais aos homens e não há como eliminá-los. O que se pode é conviver com eles, de forma a evitar a destruição.

O desenvolvimento da cultura, como Freud mostrava, tem um efeito positivo para a redução da propensão à guerra, pois fortalece o intelecto e internaliza algumas propensões agressivas, mas mesmo em países mais civilizados a parcela da população que atinge níveis elevados de cultura é pequena.

Na análise da violência, nas épocas mais primitivas os conflitos eram decididos pela força física, tal como ocorre com os animais. Com o tempo e o progresso, a força física foi substituída pelas armas, ou seja, a prevalência da força intelectual sobre a física, mas a força continua sendo o fundamento.

Em outro nível da evolução da força, o homem percebeu que seria possível vencer o mais forte pela união. A união dos mais fracos pode sobrepujar o mais forte.

Uma dificuldade nessa concepção é a necessidade da permanência da união. Se isso não ocorre, a comunidade que alcançou proteção volta a ficar em posição frágil diante do mais forte.

Nesse sentido, chama a atenção os arranjos e acordos de defesa entre os países. Com frequência, esses acordos são voláteis e não se mantêm, na medida em que os interesses envolvidos se modificam.

Cabe destacar o desenvolvimento do direito, em que a justiça passa a ser o fator de decisão, ao invés da força. Embora o direito tenha contribuído para atenuar o poder da força, há que se reconhecer que muito falta para ser alcançado. Grupos mais poderosos, mais ricos e mais organizados conseguem, frequentemente, ter seus direitos mais reconhecidos que as partes mais fracas. Novamente, o componente de força continua presente.

No caso das guerras, o poder do direito é ainda menor. Para que fosse efetivo, teriam que haver instituições internacionais de julgamento, cujas decisões fossem respeitadas pelos países, o que não ocorre nessas circunstâncias.

Faço aqui um adendo. Embora a união dos mais fracos para sobrepujar o mais forte seja decorrente do intelecto humano, há animais que têm naturalmente essa percepção. Os lobos e as hienas são animais que costumam atacar e se defender em grupo, o que os torna mais fortes. Há muita sabedoria intrínseca na natureza.

Um outro aspecto que chamava a atenção de Einstein e Freud é que há indivíduos com grande capacidade e ideais elevados, mas as pessoas que tomam as decisões mais importantes para a sociedade, os políticos, raramente fazem parte desse grupo. Nesse nível, as decisões são frequentemente tomadas com base em ambições de poder e de interesses econômicos específicos, que podem se distanciar dos desejados pela coletividade.

Vale aqui lembrar o conhecido ditado (que já foi atribuído a diferentes pessoas): "O preço da liberdade é a eterna vigilância". Como os interesses dos grupos que detêm o poder é comumente discrepante em relação aos da sociedade, é sempre conveniente manter o alerta.

Com relação a sistemas políticos e governantes, a sabedoria de Churchill estava presente em sua frase: "A democracia tem mil e quinhentos defeitos e uma única qualidade. Essa qualidade é que todos os outros sistemas políticos são piores".

Freud e Einstein tinham plena ciência da imensidão do tema que trataram e da pouca possibilidade que produzisse resultados a prazo curto. Mas, em muitos pontos, progressos ocorreram e continuarão a ocorrer. As próprias guerras são hoje menos frequentes que o foram no passado. Suas cartas serão, certamente, referências importantes na longa busca da paz.

JULGAMENTO E PENSAMENTO

O hábito do julgamento fácil, comum no ser humano, decorre da incapacidade de pensar. Pensar é estar no aberto, com muitas perguntas e poucas respostas, o que incomoda os que precisam sempre da certeza.

A resposta é a morte da pergunta.

ENTIDADE MALIGNA

Em uma discussão política na TV, um dos jornalistas saiu com uma joia: "O mercado é maligno, além de histérico e não democrático".

Coitado de Adam Smith, quando desenvolveu as bases da teoria dos mercados não sabia de nada disso.

Em Edimburgo, na Escócia, sua cidade natal, há uma grande estátua em sua memória. Merecidíssimo em minha opinião, mas diante do novo approach fico em dúvida. Será mesmo?

Sendo o mercado realmente maligno, histérico e não democrático, talvez seja mais o caso de fazer parte dos históricos policiais, ao invés de ter estátua para eternizar sua memória.

Um adendo: O "Festival de Besteiras que Assola o País", de Stanislaw Ponte Preta, continua muito atual.

UMA PESSOA ESPECIAL

Ao final de uma reunião familiar, confidenciou-me um fato que lhe preocupou por alguns anos.

Adorava pilotar e comprou um avião monomotor, financiado por um grande banco. Passado algum tempo, surpreendeu-se que não chegava nenhuma notificação e documentos da cobrança.

Entrou em contato com o presidente do banco para regularizar a situação. Este lhe pediu para contatar um diretor específico, que acertaria os detalhes.

Por algumas vezes, essa reunião foi adiada, e pouco tempo depois o banco foi vendido para um grupo estrangeiro. Percebeu que o assunto estava encerrado e a dívida nunca seria cobrada.

Começou a se sentir mal, por estar de posse de um dinheiro que não era seu. Elaborou então e implementou um planejamento para, em três ou quatro anos, distribuir o dinheiro indevido a instituições de caridade.

Agradeci-lhe por me confidenciar uma questão tão particular e disse-lhe que tirava duas conclusões. A primeira, o quanto ele era uma pessoa especial e a segunda que, ao contrário do que pensamos, grandes instituições são capazes de engolir "sapos" não desprezíveis, apesar de todos os controles internos.

ATENÁGORAS

Meu amigo João Machado enviou-me uma oração do Patriarca Atenágoras I, da Igreja Ortodoxa, que juntamente ao Papa Paulo VI reaproximaram as Igrejas de Roma e de Constantinopla.

"A mais dura das guerras é a contra si mesmo. É preciso desarmar-se.

Tenho lutado nesta guerra durante anos. Foi terrível, mas hoje estou desarmado Não tenho mais medo de nada, porque o amor lança fora o temor.

Estou desarmado da vontade de ter razão, de justificar-me. Não estou mais em guarda, à defensiva, Não estou apegado às minhas ideias, aos meus projetos.

Se alguém me apresenta outras melhores, aceito-as sem mágoa.

Se estamos desarmados, abertos ao Deus-Homem, cria-se um tempo novo, onde tudo é possível".

No mundo, houve o Atenágoras e há o Putin, por isso é assustador e belo. Li uma frase atribuída a Nietzsche: "O mundo é uma corda esticada entre o inferno e o paraíso". E o incrível é que uma mesma pessoa pode estar em extremidades opostas em momentos distintos.

VISÃO DO PRÓXIMO

É frequente as pessoas julgarem os outros com base em seus próprios valores, ignorando que cada ser humano é único.

Em assim fazendo, o mundo fica pequeno, pois elimina-se a diversidade, e o julgamento torna-se fácil, pois os critérios são definidos.

O crescimento passa necessariamente por deixar de enxergar o próximo como um simples prolongamento de si mesmo. Quando isso ocorre, passa-se a pensar mais e a julgar menos.

CRESCIMENTO

Buscava o conhecimento de tudo. Como não era alcançável vinha o sentimento de total incapacidade. Se não conheço tudo, não conheço nada.

De onde vem? Do sentimento arraigado de que temos que ser perfeitos, e qualquer imperfeição é sentida como total.

Diante desse sofrimento, busquei me entender, mas sempre voltava à estaca zero. Será que consigo sair desse inferno ou estou condenado à nulidade?

O salto foi entender que o muito pouco não é o nada, mas o passo inicial para abrir o pensamento e ir adiante. Quebrei o bloqueio e o substitui pelo pensamento. Do nada imutável passei a pensador infinito.

CRISE E OPORTUNIDADE

Fui um crítico severo de mim mesmo, o que me causava baixa autoavaliação e sofrimento. Em muitos períodos, me atribuí nota zero, uma verdadeira crise existencial.

Como era uma situação insustentável, procurei um caminho em que fosse possível tolerar a mim mesmo. Busquei o autoconhecimento, embora tivesse dúvidas se conseguiria reverter algo tão intrinsecamente meu. Como resultado de caminhar nessa estrada por muitos anos, não apenas consegui me aliviar da crise interna, mas ir além, passando a me sentir leve e solto.

Penso que se tivesse me avaliado em cinco ou seis no passado, é possível que mantivesse esse status até hoje, pois não haveria grande propensão à mudança. A crise a impôs como condição de sobrevivência.

Uma conclusão é que o sofrimento passado pode ser a válvula propulsora para um mundo melhor.

CONHECIMENTO

Freud dizia que o mais importante dos conhecimentos é o de si mesmo. Não tenho qualquer dúvida sobre a sua razão. Quando se conhece a si mesmo, tudo fica fluente e fácil e a vida torna-se prazerosa.

Sei tudo sobre a lua, mas não conheço a mim mesmo. Faz sentido?

FRANCISCO

As matérias que tenho postado no Facebook e os seus retornos têm me permitido atualizar informações de amigos cujo contato havia perdido. Uma amiga recente perguntou-me se era parente de Francisco.

Respondi-lhe que tenho um primo Francisco, mas que com o passar do tempo perdi o contato. Disse-lhe que é pessoa de excelente qualidade humana e que, se tratasse dele, enviasse o meu abraço e transmitisse que gostaria de retomar o contato.

Respondeu-me que estávamos falando de pessoas diferentes. "O poeta Francisco de Moura Campos faleceu há muitos anos. Prefaciei um de seus livros".

Pensei e senti que estávamos falando da mesma pessoa. Consultei o sábio Dr. Google e vi que estava certo.

Apesar de não mantermos contato frequente, tínhamo-nos em elevada mútua consideração. Era engenheiro e vinha se dedicando a questões ambientais. Procurei empregá-lo nessa área na firma em que trabalhava, mas não havia vagas disponíveis naquele momento. Além disso, gostava de escrever.

Em nosso último contato, disse-me que havia se mudado para uma praia no litoral norte de São Paulo (talvez Maresias) e que se dedicava integralmente à poesia.

Publicou nove livros e encaminhou a sua vida da forma que idealizou.

Obrigado, amiga, por resgatar uma pessoa tão especial.

LOUCURA

Na juventude, escrevia contos e os guardava em uma pasta que mantinha sob meu domínio, para que ninguém os lesse. Sentia-me louco e queria esconder minha loucura. O que escrevia passava-se em meus pensamentos e pouco tinha a ver com o mundo real.

Era, naturalmente, fonte de sofrimento. Em uma única ocasião, escrevi um conto que julguei de boa qualidade e o enviei a um concurso literário, mas não recebi prêmio algum, nem menção honrosa.

Com o tempo, passei a conviver melhor com a loucura, fui perdendo o medo.

Vim então a perceber algo que transformou a minha vida. A loucura, ao invés de um depreciativo, é o meu grande patrimônio. Vem do fato de ter uma sensibilidade e criatividade acima dos padrões normais, o que me fazia sentir anormal, louco. É o que me distingue de milhões de pessoas, cujas existências são limitadas pelas paredes do mundo.

Os coerentes e encaixados, que me pareciam felizes, são mais bloqueados e com pouca capacidade de criação.

Nada como ter asas, voar como Ícaro. É preciso administrar a altitude, para não cair e despedaçar. Faço isso a todo momento. Acho que estou planando bem.

O PREÇO DO PATO

Escrevi o conto "O preço do pato" e o enviei a um concurso literário. Antes procurei o amigo, historiador e escritor Hernani Donato para ouvir sua opinião. Quando me devolveu, havia feito os seus comentários ao final do texto.

"Gostei do seu conto, rico e fluente. Um detalhe chamou-me a atenção, você o inicia como literatura infantil e, gradativamente, vai passando para literatura adulta. É um mix interessante, pouco comum. Caso tenha sido intencional aumenta o mérito dele".

Não foi intencional. Saiu conforme fui pensando e escrevendo. O sinal amarelo apareceu com a observação dele, senti que era momento para reflexão.

Mesmo aos 30 anos de idade, havia uma criança sempre presente em mim, demandando solução de questões não resolvidas. Na verdade, oscilava entre a criança e o adulto, é como se houvesse dois seres distintos em mim, às vezes até antagônicos.

O início infantil do conto era o eu criança. À medida que fui avançando, veio o eu adulto. Ao relê-lo, vi que era realmente estranho, parece que havia sido escrito por duas pessoas diferentes.

O conto era o meu RG e o Hernani o havia decifrado.

Imaginem quanta angústia passei, devido à contradição adulto/criança que havia em mim. No trabalho, nas festas, nos relacionamentos sociais, tendo que vestir o papel de adulto, amadurecido, culto etc., etc., etc., quando havia em mim uma criança demandando coisas muito mais primárias. E se não contivesse esta criança e os outros a percebessem? Seria objeto de chacota.

Felizmente, quando os problemas ficam claros a solução já está mais próxima.

Obrigado, Hernani, por ler o meu RG e me ajudar a decifrá-lo. Você está em outra, mas continua em meu pensamento.

POSSO SER FELIZ?

Sempre fui pesado comigo mesmo, me achava o "ó do borogodó". Mas as coisas estão mudando, estou me vendo de forma mais gentil. Toda falha, que revelava a minha fraqueza, já não mais me anula. Erro, sim, porque sou humano, e daí?

Mas o que está enraizado não desaparece de uma vez. Quando vem a alegria de constatar a transformação positiva, acende o farol amarelo. Será que é verdadeiro? Será que essa felicidade tem sustentação ou será fogo de palha? Ao constatar a leveza, surge a pergunta, mereço?

E as inúmeras broncas de minha mãe, lembrando que estava sempre errado? E as intermináveis aulas de religião, mostrando que sou pecador e sempre o serei? Se tudo correr bem, São Pedro me perdoará no juízo final. E eu mesmo, me culpando por todos os deslizes? À inquisição de fora somava-se a de dentro.

E há também uma armadilha. Se posso ser leve, se a permanente autocensura decorria da exigência exagerada daqueles que deveriam me auxiliar no processo de crescimento, houve então desamor? Mas como suportar o desamor daqueles de quem deveria esperar o amor?

Felizmente, Freud foi meu parceiro. Nas inúmeras noites mal dormidas, me assoviava aos ouvidos que eles também eram humanos, falhas sim, desamor não.

Como é bom desintoxicar, embora o processo seja lento e penoso! Muitas são as barreiras e trincheiras, mas essa guerra merece ser vivida.

Afinal, posso ser feliz.

TERRA FIRME

Meu primo foi um grande navegador. Venceu regatas como a Santos-Rio, a Buenos Aires-Rio e, inclusive, prova na Austrália.

Meus avós viviam em um casarão nas imediações da Avenida Paulista, que tinha uma grande garagem, distante do corpo da casa. Ele e meu tio resolveram utilizá-la como estaleiro, em plena Paulicéia. Levaram para lá um barco que possuíam em São Sebastião, litoral norte, elaboraram um projeto de reforma e puseram mãos à obra.

Chegavam de manhã e saiam ao final da tarde. A reforma durou uns seis meses e contou com a ajuda de toda juventude da vizinhança, que participou ativamente do processo. Eu mesmo colaborei. Como sempre tive duas mãos esquerdas, acabei contribuindo pouco, mas vontade e esforço não faltaram

Muitos anos mais tarde, em uma reunião em sua casa, lembrava a experiência única de reformar um barco em plena Avenida Paulista.

Para sua surpresa, contei-lhe uma parte que desconhecia da memorável reforma. À noite, o barco era local de encontros secretos em terra firme, ambiente distante das vistas de possíveis fiscais.

ELIANA

No dia 30 de junho de 1957, fui assistir ao filme *A doutora é muito viva*, da Cia Vera Cruz, estrelado por Eliana Lage.

Papagaios! Que memória você tem!

Tenho boas razões (e emoções) para me lembrar com exatidão. Em todo último dia de junho, íamos à Estação da Luz, tomar o trem noturno para Garça, onde a Fazenda São José do Rio do Peixe nos esperava. Eram férias inesquecíveis.

Fiquei paralisado com a beleza daquela mulher. Naquele dia, ela me monopolizou, como era bonita! Ao contrário das outras viagens, em que curtia cada detalhe, só ela foi o tema. Aliás, muitas e muitas vezes ficava escravo dos meus pensamentos, essa foi uma delas.

Não dá para não alargar o tema e engatar na triste falência do cinema nacional. Assisti a grandes filmes aqui feitos naquela época. Apenas para citar três, *Deus e o Diabo na Terra do sol*, do grande Glauber Rocha, *O pagador de promessas*, de Dias Gomes e dirigido por Anselmo Duarte e *A hora e a vez de Augusto Matraga*, de João Guimarães Rosa, dirigido por Roberto Santos e Gianfrancesco Guarnieri.

Por que nosso cinema morreu? Enquanto a Argentina, com toda a sua precariedade, continua produzindo filmes muito bons, porque a sobrevivência está na bilheteria, leia-se aceitação do público, por aqui a preocupação maior se tornou a obtenção de recursos públicos, via lei Rouanet. O Estado tem sido um mal indutor de desenvolvimento, ao invés de progresso, retrocesso.

Certamente, não é a única razão. O Brasil murchou em quase todas as áreas. Cientistas de renome não mais há, nosso esporte se tornou anão e daí por diante.

Meu falecido tio dizia que, quando o país vai bem, destaca-se em todas as áreas. No esporte, por exemplo, éramos chamados no mundo inteiro de "os reis do futebol", hoje somos apenas mais um. De um país que não tinha tradição no automobilismo, passamos a celeiro de grandes pilotos. No basquete, que não era popular no país, fomos bicampeões mundiais. Até no tênis e no boxe, secundários aqui, tivemos campeões mundiais.

Quando sairemos do marasmo? Não consigo enxergar terra à vista, mas torço para que esteja míope.

Acho que voei alto e não estou sabendo pousar, mas voltando ao que estava escrevendo...................COMO ERA BONITA A ELIANA!

ESPELHO

Espelho, espelho meu, há no mundo alguém mais inteligente e mais bonito do que eu? A resposta era não.

Mas não era a resposta que recebia do mundo e das pessoas. Estavam sempre a me diminuir, a me levar para baixo. Felizmente, meu espelho era sábio, podia confiar nele.

Um dia me desfoquei e, em meio a contemplação, olhei para o lado. Para minha surpresa, vi que além do espelho da frente havia outro atrás. Ao olhá-lo, fiquei horrorizado, nele havia uma pessoa feia, medíocre, sem encanto algum. Não podia ser eu, mas não havia mais ninguém.

A guerra dos espelhos durou longo tempo. No início, desqualifiquei o de trás, mas diante das evidências me rendi. Sou o espelho de trás. Como vou viver me sentindo tão insignificante? Se estou me vendo assim, quem dirá os outros?

Perceber como nos sentimos é um grande passo, significa abandonar falsos caminhos (ou fugas), que a nada levam. Além do mais, não sou o único a se sentir feio e medíocre e as pessoas continuam vivendo.

Sabe de uma coisa, já estou me sentindo melhor. F......-se a necessidade de ser especial! E tem mais uma coisa, não sou tão medíocre. Descobri que a onipotência (ser tudo) e a impotência (ser nada) são irmãs gêmeas. Que tal exercer apenas a competência? Essa todos podemos, é só eliminar os bloqueios e abrir os caminhos.

LEITURA DOS SONHOS

Os sonhos nos dizem coisas importantes sobre nós mesmos, se conseguir decifrá-los estaremos no caminho do autoconhecimento e ampliando o nosso mundo interno.

A leitura não é simples e muitas vezes está subentendida. Frequentemente, o que parece um mero detalhe é o que mais revela. O velho ditado "o diabo mora nos detalhes" vem a calhar. É lá que se escondem muitas coisas.

Escrever sonhos é algo que tenho desenvolvido. Alguns são curtos, outros chegam a quatro páginas inteiras. É interessante que, ao abrir o notebook ou pegar caderno e caneta, parece que serão curtos, mas iniciada a escrita vão se estendendo. O sonho longo não é necessariamente mais revelador que o curto.

SÃO PAULO

Matando a saudade de São Paulo, estive no Parque Augusta que ocupa a área do antigo Colégio Des Oiseaux, das freiras de Santo Agostinho, exclusivo para moças. Frequentei o colégio onde me encontrava com minha irmã, que lá estudava. Outros também o frequentavam em busca de suas irmãs ou namoradas.

Incrível que esse oásis ficou praticamente abandonado durante décadas, após a demolição em 1974, tendo sido utilizado por um cursinho para vestibulares e estacionamento, atividades secundárias em relação ao que havia sido. Em 2004, foi tombado pelo Patrimônio Histórico de São Paulo e posteriormente construído o Parque, recentemente aberto ao público.

Emociono-me facilmente e não poderia ser diferente nesse dia. Em um amplo gramado, muitas pessoas deitadas tomavam sol e tive vontade de fazer o mesmo. Só não o fiz por não estar em traje compatível e sem protetor solar.

Da Caio Prado, continuei pela Maria Antônia, deixando o tempo passar lentamente, com direito à contemplação do Mackenzie e da antiga Faculdade de Filosofia, frontais um ao outro, que tantos confrontos protagonizaram, culminando com a grande batalha de 1968.

Vivi intensamente esse período e esses acontecimentos. Estudava na Faculdade de Economia da USP, na Doutor Vila Nova, quase na esquina da Maria Antônia, a meio quarteirão do local transformado em campo de guerra.

Mesmo posteriormente, após a Faculdade de Filosofia ser transferida para a Cidade Universitária, continuei frequentando o local como professor da faculdade de Economia do Mackenzie.

Como não sou de ferro, após tantas visões e recordações, entrei no bar vizinho ao Mackenzie, peguei uma mesa quase na rua e tomei uma Serra Malte bem gelada. Tudo sem pressa, deixando o tempo passar.

Saindo, passei na antiga Faculdade de Economia da USP, hoje Tribunal de Justiça Militar (quem diria!). Mais tempo para contemplação. Em seguida, Bar Sem Nome e La Licorne. Nada é imune ao tempo. Esses dois locais icônicos de São Paulo são hoje meros estacionamentos de um grande edifício na esquina da Dr. Vila Nova com a Major Sertório. Apesar da tristeza com essa mudança, me senti bem ao retornar a esses locais que foram e continuam sendo importantes para mim.

Tenho uma ligação muito forte com São Paulo, diria umbilical.

Gostaria de ter conhecido John Kander e Fred Ebb. Diria-lhes que New York, New York é realmente muito bonito e que Frank Sinatra e Liza Minnelli imortalizam a música. Mas lhes diria também que *the city that never sleeps* não é New York, é São Paulo. Se andassem pelas muitas ruas de Pinheiros logo cedo, com os frequentadores de cabarés se misturando com as pessoas indo para o trabalho, talvez entendessem isso.

JOSÉ MARTINS COSTA

Meu tio avô. Viveu dois mundos antagônicos, de um lado boêmio inveterado e de outro grande médico e operador.

Os manuais de medicina contraindicavam os seus hábitos de vida. Médico operador deve dormir cedo para acordar disposto para a operação logo de manhã, mas ele contrariava a regra, operando com muita dedicação e competência.

Seus aniversários tinham o público mais diverso possível. Maria Della Costa e Sandro, Frei Beto, Pancho Irigoyen (grande jóquei de cavalos de corrida), Castelões, estroina, mas ótima pessoa e muito divertido, circulavam no mesmo espaço que a fina flor da Tradicional Família Paulistana (TFP), como meus pais e diversos médicos e esposas, conversando sobre coisas sensatas e equilibradas.

Teve várias mulheres, algumas muito bonitas. Para completar o quadro, todas iam às suas festas e, acreditem se quiser, davam-se muito bem. Sua maior paixão foi Ligia. Dizia aos amigos mais íntimos "Se não fosse louca, Ligia seria a mulher ideal".

Convivi com ele. Tinha também paixão por cavalos de corrida, como eu, e todos os fins de semana estávamos juntos no Jóquei Clube. Teve alguns cavalos excelentes, como o uruguaio Cullinghan, ganhador do terceiro Grande Prêmio Brasil da história, Oran e Pavuna.

Muitas coisas com ele aprendi. Acho que a mais importante foi entender que o impossível é possível.

ASSOCIAÇÕES EQUIVOCADAS

Costumo ler as matérias de Claudio Moura Castro no *Estadão*, economista de formação e especializado em Educação. Seus artigos são bons (na minha opinião), porque aliam conhecimento e realismo. Nessa área, é comum lermos textos bem intencionados, mas que caem na vala do irrealismo.

Pensava que havia sido meu colega no mestrado de economia. Em uma reunião com antigos alunos do curso, um deles disse-me que eu estava enganado. Como tenho boa memória, julguei que o engano fosse dele.

Algum tempo depois, enviou-me a relação oficial dos alunos emitida pela universidade. Realmente não foi nosso colega.

Mais do que isso, mostrou a origem do engano. Claudio Moura Castro era uma composição que fiz de três colegas;

dele (Claudio Peçanha), minha (Roberto de Moura Campos) e do Castro (José Carlos Castro), três em um. É interessante percebermos um engano em algo que tínhamos certeza. O recado é que sempre estamos sujeitos a erro.

MUDANÇA SEM DESTRUIÇÃO

Tenho lido sobre a reforma do ensino médio no país. Não tenho a pretensão de ter opinião fechada a respeito, pois exigiria informações e conhecimentos específicos que não tenho, apesar de ter algum link com a matéria, pois fui professor universitário.

Parece-me que a direção está correta, embora haja muitos pontos a serem definidos. Claramente, há um descasamento entre o antigo currículo e o interesse dos alunos, o que acaba prejudicando o aprendizado e sugere uma grade mais flexível, adaptada à diversidade de interesses. Confesso que a redução do tempo obrigatório em Português e Matemática me assusta, já que são disciplinas fundamentais e o nível atual é baixíssimo.

Há um ponto que me chama a atenção. O fato de o currículo antigo ser ultrapassado é frequentemente tomado como indicação de que nada é aproveitável, o que não é verdade. Mesmo o superado costuma ter algo útil.

Faço essa colocação com base na minha própria experiência. Durante muito tempo, considerei que disciplinas nas quais não tinha o menor interesse não teriam qualquer utilidade para mim.

Com o tempo, algumas dessas "aprendizagens inúteis" começaram a voltar, muitas vezes de uma forma bastante interessante. Conclusão, não foram tão inúteis quanto havia julgado.

Essa percepção sinaliza: não descartem tudo *a priori*, pode haver boas coisas em meio ao entulho.

Em se tratando de Brasil e política (e educação acaba se inserindo nesse contexto), todo cuidado é pouco. Os nossos sucessivos governos têm se caracterizado pela anulação de quase tudo o que os antecessores fizeram e tratado as questões como se estivéssemos sempre iniciando da estaca zero. É o retrato da manutenção do atraso.

Que ao menos na área fundamental da educação consigamos superar essa herança!

CONCEIÇÃO / CAUBY

Identidade. Difícil pensar Conceição sem Cauby ou Cauby sem Conceição. Mesmo Jair Amorim e Waldemar de Abreu, seus compositores, ficaram em segundo plano.

À música e ao cantor associo também a Fazenda São José do Rio do Peixe, em Garça. Em uma das férias de julho em que lá passei, estava absoluta nas paradas de sucesso e a escutava diversas vezes por dia.

"Conceição, eu me lembro muito bem,
vivia no morro a sonhar
com coisas que o morro não tem.
Foi então que lá em cima apareceu
alguém que lhe disse a sorrir,
que descendo à cidade iria subir.

Se subiu, ninguém sabe, ninguém viu
pois hoje o seu nome mudou
e estranhos caminhos pisou.
Só eu sei
que tentando a subida, desceu
e agora daria um milhão
para ser outra vez Conceição".

Quem não deseja subir? Infelizes os que não têm essa pretensão. Além das nossas questões internas, há também as externas, cada vez mais intensas nesse mundo da comunicação e da internet. A armadilha vem quando há poucas razões internas e muitas externas, fica-se a sabor dos que prometem, a sorrir, a subida fácil. E se conseguir, terá sustentação?

Como o caminho é longo, a subida pode mudar de significado. Se o interno se amplia e o externo se reduz, novos valores se criam. O próprio acaso pode também ter um papel nessa mudança de perspectiva, uma pessoa, um novo fato, podem mudar a direção da vida.

Nada está escrito, tudo depende de nós mesmos. Os caminhos pisados não podem ser anulados, mas talvez possam ser reconstruídos. Seria possível ser outra vez Conceição? Certamente não, mas poderia vir a ser uma nova Conceição.

EU ZARATUSTRA

Sempre tive dúvidas da minha sanidade. Mais do que isso, certeza da insanidade. Mas não é algo que se possa aceitar, há que se lutar contra a ideia, mesmo que não haja mudança de horizonte visível.

A solidão foi minha parceira. Tanto pela dificuldade de relacionamento quanto por ser ambiente para tentar arranjar a bagunça interna, me compreender, encontrar sentido em coisas tão desencontradas.

Dificultava o caminho a contraposição a tudo o que os jovens faziam. Enquanto buscavam festas e reuniões, eu o isolamento, passando semanas solitárias no campo em busca de respostas.

O monumental *E assim falou Zaratustra*, de Nietzsche, atingiu-me em cheio. Eu era o personagem do livro. Sem ver sentido nos ruídos repetitivos da civilização, nas mensagens padronizadas e vazias de conteúdo, Zaratustra buscava as dele. E o ambiente da busca era a solidão, durante longo período habitou uma caverna na mata.

E, a tiracolo, a ligação com a natureza. Os que buscam esse caminho sentem que a harmonia do mundo externo sinaliza que deva haver algum sentido no interno.

Não há autoconhecimento sem a solidão. Mesmo os mais sociáveis precisam viver esse estado para conhecerem a si próprios.

Os dicionários não alcançam os diversos significados de muitas palavras, principalmente as que se referem aos sentimentos humanos. A solidão é comumente associada a algo negativo, à falta, à ausência. Certamente, é esse o sentido que a maioria das pessoas a ela associam.

A solidão a que Nietzsche se refere é o eu introjetado em si mesmo, o eu olhando para dentro de si, um estado de grande reflexão interna. Aos que não conseguem viver esse estado, resta o desconhecimento de si mesmos, resta o ser politicamente correto, que é a ausência do ser e a simples reprodução do externo.

CONTRAMÃO DO MUNDO

Poucos livros li que não completei a leitura. Tinha o hábito de finalizá-los, mesmo no caso dos mais fracos, pois sempre encontrava alguma coisa útil. Dei azar com Saramago. Achei o seu livro (talvez *Memorial do convento*) tão ruim que desisti de prosseguir a leitura. Depois nada mais li de sua autoria. Mas não posso ignorar o mundo. Um Prêmio Nobel, admirado por muitos, tem que ter qualidade. Estou só aguardando um tempo, que continua curto, para voltar a lê-lo. Será que estou certo e o mundo errado? Pouco provável.

MOMENTO

Embora achasse o boxe desumano, acompanhava as lutas pelos títulos mundiais das categorias, pois eram espetáculos em que a técnica e o talento falavam mais alto que a força.

O brasileiro Eder Jofre foi o melhor peso galo da história. A luta contra o mexicano Joe Medel, em 18 de agosto de 1960, em Los Angeles, faz parte da galeria das maiores de todos os tempos. Medel era o único lutador com cartel e qualidade para enfrentar Jofre em igualdade de condições.

A luta era em 12 assaltos, e até o final do oitavo transcorria em quase absoluto empate, embora houvesse uma pequena diferença a favor do brasileiro nas papeletas dos três jurados.

No nono assalto, o mexicano cresceu, acertou diversos golpes fortes no brasileiro e esteve próximo de vencê-lo por nocaute. No momento final do assalto, Eder virou a luta.

Após receber uma série de fortes golpes, recuou para as cordas e, para evitar a queda, praticamente sentou-se nela. Era o sinal para Medel enviar-lhe a saraivada final, mas, para liquidar a luta, era necessário abrir-se. Jofre, embora sentido, mas consciente, enviou-lhe um *hook* (golpe de baixo para cima, em forma de gancho) na ponta do queixo e o mexicano balançou, quase caindo, sendo salvo pelo final do assalto.

O décimo assalto iniciou-se com os lutadores exauridos. Eder parte para cima de Medel e envia-lhe uma série de golpes, finalizando com um direto que o atira ao chão, desacordado. O combate estava encerrado.

Vitória de um lutador excepcional, que, aliado à técnica e à inteligência (uma constante em quase todos os campeões), soube aproveitar um momento decisivo, em que transformou derrota em vitória.

A luta seguinte foi contra o também mexicano Eloy Sanches, na mesma cidade e no mesmo ginásio, nocauteando-o no sexto assalto, quando se tornou campeão mundial.

Eder manteve o título durante cinco anos e o perdeu em duas lutas contra o japonês Masahiko Fighting Harada, ambas no Japão, cujos resultados foram considerados duvidosos pela imprensa e pelos críticos. Ressalte-se que, na ocasião, Eder já não manifestava o mesmo entusiasmo que caracterizou sua carreira.

Mas os campeões gostam de desafios e de testar as suas capacidades.

Após deixar o boxe por três anos, resolveu voltar para buscar o título mundial dos pesos pena, categoria imediatamente superior (em peso) ao galo, em que fizera história. Não era mais um lutador jovem para o boxe, mas confiava em suas capacidades.

Após algumas lutas preparatórias, desafiou o então campeão mundial, o cubano naturalizado espanhol José Legra. A luta ocorreu em Brasília e Eder venceu por pontos, em uma luta de 15 assaltos, tornando-se campeão mundial da categoria aos trinta e sete anos de idade. Um fenômeno.

MUNDOS ADULTO E INFANTIL

Estava indo de São Paulo para Botucatu, e paramos em Tietê, pequena cidade do interior do estado, para visitar o primo irmão de meu avô que, como ele, era médico e professor da faculdade de Medicina da USP.

Contou-nos, rindo muito, que seu neto que lá passava as férias, ao ser perguntado por que gostava tanto do lugar, respondia: "porque Tietê é muito maior que São Paulo"

Muito engraçado, mas Tietê era, de fato, muito maior que São Paulo. Enquanto São Paulo tinha 100 ou 150 metros quadrados, área do apartamento em que vivia confinado, Tietê tinha ruas, praças, igreja, padaria e bares, em que circulava livremente e conversava com as pessoas que ia encontrando.

As crianças não entendem o mundo dos adultos, mas os adultos entendem o das crianças?

KISSINGER

Seu livro *Diplomacia* é uma referência para quem quer conhecer melhor o mundo e entender como são tomadas as grandes decisões entre os países.

Hoje (20/05/2023), o *Estadão* publica matéria dele para o *The Economist*, com o conhecimento e a profundidade de sempre. Detalhe: está completando cem anos de existência.

Em tudo que escreve (e fez), há um princípio fundamental. Se se quer negociar com o outro, seja no nível pessoal ou de país, é imperativo conhecê-lo profundamente, saber o que pensa, o que deseja e como pretende alcançar seus objetivos.

Se a paz é buscada, o conhecimento do que é realmente importante para o outro é fundamental para o entendimento a mínimo custo. Se algo é valioso para ele e não tanto para você, esse é um ponto a ser cedido.

Mesmo se a guerra for inevitável, há que se saber o que é uma grande perda para o inimigo, a melhor forma de feri-lo.

Em um mundo polarizado como o atual, as pessoas agem no sentido oposto aos ensinamentos e à experiência de Kissinger. Cada lado sabe tudo e suas ações são sempre corretas, enquanto o outro nada sabe, não há espaço para o entendimento.

Países do segundo (como o nosso) e do terceiro mundo historicamente têm dificuldades no balanceamento das posições opostas, mas o fato novo é que os ditos mais desenvolvidos vêm se comportando da mesma maneira.

Penso que está na hora de sairmos do campo fechado e retornarmos ao aberto, como fez Kissinger. Se o mundo se polarizou, devem existir razões para isso, embora não consiga alcançá-las. Mas sejam quais forem os motivos, Kissinger e outros, que tinham a capacidade de ouvir e analisar os diversos atores envolvidos, devem ser lembrados e reestudados.

AMOR DE PERDIÇÃO

Há anos, li uma matéria sobre a Argentina, cujo título era "Amor de perdição", parafraseando o livro de Camilo Castelo Branco. Falava sobre o amor do povo por Juan Domingo e Evita Perón.

Perón alcançou o poder quando o país era um dos mais ricos do mundo e utilizou a riqueza argentina para o "bem do país". Benefícios e vantagens para todos (exceto para uns poucos que pagavam a conta).

Como o baú era grande, a "bonança" foi longa, muito além das vidas de Juan e Evita. Seguiram-se os peronistas e deram continuidade à obra.

Como a conta sempre chega, gradualmente a riqueza foi reduzindo, até chegar aos dias atuais, cuja situação é de conhecimento de todos.

Mas, mesmo na pobreza, o peronismo continua sendo a religião oficial do país.

Perón foi altamente competente (do ponto de vista de manutenção de poder). Fez uma revolução sem dar um único tiro, criando uma estrutura de pouco trabalho e muitas vantagens, em que o Estado passou a ser o pai de todos. Uma grande árvore, em cujos galhos parte significativa da população estava e continua pendurada. O trabalho deixou de ser uma necessidade para viver.

Com o tempo, o amor se tornou sofrido e os cônjuges sentiram que não sairiam do atoleiro, mas como abdicar aos benefícios, sem capacidade de trabalhar? Casamento ruim, mas divórcio ainda pior.

É realmente para se pensar por que, nessa pouco racional América Latina, apesar do desastre anunciado, muitos países seguem o mesmo caminho, criando a ilusão do Estado paternalista. Em parte, está ligado à habilidade em vender soluções fáceis para questões complexas.

Há um ponto que me parece central para entender o abismo entre as repetidas promessas e os recorrentes fracassos. O maior objetivo da classe política é a manutenção do poder.

Os partidos de esquerda, que se estabelecem no poder por meio do Estado paternalista, não têm, no fundo, o objetivo da emancipação do indivíduo.

Em todos os países que seguem esse caminho, os votos que garantem a manutenção no poder vêm das classes mais pobres, que recebem as transferências de renda. O restante da população, que tem autonomia para viver a sua própria vida e paga elevada conta para sustentar o paternalismo estatal, é contrária ao status quo.

A conclusão é que não interessa a esses políticos a redução da pobreza. Os que pregam combatê-la são, na realidade, os promotores da sua perpetuação.

Em excelente artigo para o *Estadão*, publicado em 21/05/2023, Vargas Lhosa mostra essa grande incoerência da América Latina. Enquanto países elegem governos paternalistas, as filas de seus habitantes que buscam a imigração para os Estados Unidos, tentando superar o muro com o México, é cada vez maior. Buscam exatamente o contrário do que encontram em seus países de origem, aceitando para isso até a clandestinidade.

APROPRIAÇÃO

A capacidade de apropriação, ou seja, de transformar legitimamente em próprio algo positivo que vem do outro, é fundamental para o crescimento humano.

Quando a criança aprende, está tornando próprio o que lhe foi ensinado. Igualmente, quando um cientista desenvolve algo, só o faz porque se apropriou do conhecimento de muitos outros, que desenvolveram as fases anteriores, o que lhe possibilitou dar um passo adiante.

Para muitos, apropriar-se, mesmo legitimamente, pode ter o significado de indevido, de usurpar a propriedade alheia. Não é a esse uso que estamos nos referindo.

Suponha que uma pessoa lhe transmita algo novo, que lhe seja valioso. Se sempre tiver a necessidade de citar a origem da transmissão, o bom não será incorporado, pois continuará do outro. Quando muito terá algum benefício intelectual.

O grande "engano" é sentir que o transmissor seria traído sem a citação, quando é exatamente o contrário. A sua maior recompensa é ter o seu "produto" apropriado e transferido para um maior número de pessoas.

Outro óbice pode estar na própria resistência ao crescimento, a um desejo inconsciente de se manter na fase infantil para continuar tendo as suas questões resolvidas pelos pais, o que seria sentido como amor. Se me aproprio e cresço, não mais deles preciso para resolvê-las. Essa libertação nada tem a ver com a perda efetiva do vínculo afetivo, mas assim pode ser sentida pelo portador.

Por que estou falando sobre apropriação? Porque tive dificuldades nessa questão, consegui superá-las e gostaria que a minha experiência pudesse ser "apropriada" por terceiros.

É claro que não estou sendo exaustivo na matéria, nem tenho conhecimento para sê-lo, deve haver outras razões que limitem a apropriação. Estou apenas no âmbito das dificuldades que tive e superei, cuja transmissão poderá ser útil aos leitores.

PRECONCEITOS

Em setembro de 2015, a morte brutal de um negro por um policial branco, por sufocamento, em Saint Paul, Minnesota, gerou grandes manifestações, não só nos Estados Unidos como em outros países. O movimento *Black Lives Matter*, já existente, ganhou manchetes em todo o mundo.

Na época, assisti a programas de televisão com o título "Racismo nos Estados Unidos", onde o episódio era tratado frequentemente como representativo da situação do país, sem levar em conta o óbvio de que aquele indivíduo representava uma parcela mínima do povo americano.

Sem negar a importância do ocorrido, chama a atenção que parcelas da imprensa transmitem a noção que pouco tem se modificado em relação aos preconceitos, o que não é verdadeiro, não apenas em relação aos raciais, mas também aos que envolvem a diversidade sexual. Talvez, questões ligadas a algumas religiões sejam exceção.

A quebra de preconceitos é um processo gradual. Nos estágios iniciais, a diminuição da intensidade costuma preceder a efetiva erradicação.

O preconceito, seja qual for, decorre do atraso social, cultural e emocional do indivíduo. O portador sente-se (falsamente) superior ao discriminado.

Dificilmente um preconceituoso admitirá sê-lo, fica estagnado no pré e não consegue avançar para o conceito, que é sempre precário. Se der esse passo à frente já estará menos preconceituoso, pois estará discutindo o mérito.

LEITURA EQUIVOCADA

Li uma matéria extensa e bem escrita sobre uma política jovem. É uma moça cuja família é de baixa renda, dotada de inteligência acima dos padrões comuns e aspectos cognitivos favoráveis.

Por esses atributos, foi agraciada com uma bolsa, cujos recursos provêm de pessoas de alta renda, para completar os estudos, incluindo extensão em Harvard, onde apresentou tese brilhante.

De volta ao país, filia-se a um partido de esquerda e, sendo diferenciada, em pouco tempo apresenta-se como candidata a cargos elevados. O autor cobra-lhe coerência e invoca o seu reconhecimento ao que (e de quem) recebeu, o que jamais a associaria a um partido de esquerda. Segundo ele, é um contrassenso. Não é explicitada a palavra gratidão, mas diria que está implícita.

Na seção de comentários, um leitor fala em falta de caráter.

Impressionou-me como pessoas de boa formação intelectual não conseguem ir além do factual e racional. Não se trata de ingratidão e menos ainda de caráter, a questão é emocional. Provavelmente, os fantasmas da infância da candidata continuam muito fortes.

APRENDENDO COM AMADO BATISTA

Nada como sair do nosso mundo e entender o alheio.

Emociono-me com Milton Nascimento, me vejo em suas músicas. A lista dos que me sensibilizam é grande e não me cabe aqui mencionar todos, mas "para não ficar mudo", cito Gilberto Gil, Tom Jobim, Vinicius de Moraes e Raul Seixas.

Ora! Vocês dirão "só você? Cadê os outros?". Grande parte dos leitores aprecia esses mesmos músicos. A questão é que ao curtirmos essa nata, acabamos subvalorizando músicas mais simples e populares, que também têm o seu público.

Uma amiga é fã de Amado Batista, volta e meia está tocando músicas dele em seu rádio. A voz é pequena, as letras são diretíssimas.

Caramba! Um grande vendedor de discos tem seus méritos, não cai do céu. Sua plateia não fala o mesmo idioma de Vinicius de Moraes, para eles não há o subentendido, apenas o explícito. Amado Batista conhece bem essa língua.

Assisti recentemente a uma entrevista com ele. Começou como engraxate na estação rodoviária, mas não daqueles que têm seu banquinho instalado. Levava-o na mão e oferecia uma engraxada a todos com quem cruzava. Depois, começou a vender roupas populares expostas sobre uma toalha na rua e, posteriormente, comprou uma lojinha, próxima à rodoviária, onde passou a vendê-las.

Vendeu 38 milhões de discos e compôs centenas de músicas. Desde que se tornou conhecido, abriu um canal de comunicação em que pessoas que queriam se lançar lhe enviavam músicas de suas autorias. Entre essas, escolhia as melhores e as gravava em parceria com os autores. Dessa forma, o número de suas músicas explodiu e abriu a carreira para numerosos profissionais. Um ato ao mesmo tempo de alto tino comercial e humano, típico de pessoas sem arrogância.

Se formos abertos a esses outros públicos, de rap e funk, por exemplo, teremos mais chances de entender essas músicas, que até então não nos faziam sentido. De certa forma, estaremos expandindo o nosso mundo.

RETROVISOR DA VIDA

Ao contrário do retrovisor de um automóvel, onde o que foi mostrado em um determinado momento não se modifica, o da vida é mutante. Quando se olha para trás, os ocorridos, muitas vezes, mudam de significado.

O sofrimento é pesado para todos, mas é o deflagrador da mudança. Terrível é quando as pessoas não conseguem modificar o seu significado, são os eternos sofredores.

Quando olho o meu retrovisor, o sofrimento passado mudou de significado. Embora a memória da dor continue presente (caso contrário seria o mundo do faz de conta), já não é visto apenas por aquele momento, mas como ponto de partida das mudanças que originou, que foram a fonte do meu crescimento.

ÉTICA

Para uma pessoa sem formação em Filosofia (como eu), moral e ética costumam cair em uma mesma caixa, mas são conceitos bastante diferentes, embora tenham pontos em comum.

A moral está ligada aos usos e costumes de agrupamentos, como países ou raças. Em um país que não aceita o nudismo como opção de comportamento individual, por exemplo, sair nu às ruas é imoral. Já para outro que aceita não é.

Como os usos e costumes são ligados a valores, que mudam no tempo, a moral não é algo estático. Certos comportamentos considerados imorais no passado podem não mais sê-lo, da mesma forma que algumas atitudes hoje consideradas imorais não tinham esse significado no passado.

Diria que, de certa forma, a moral acompanha a evolução da humanidade.

Já a ética é individual, está ligada aos valores de cada cidadão e a sua base é a prática do bem. Um ponto comum entre a ética e a moral é que ambas têm como pano de fundo a harmonia e o bem estar das pessoas.

Recebi recentemente um excelente vídeo sobre ética, de João Sobral. Pela desenvoltura com que tratou do tema supus que se tratasse de um filósofo. Ao consultar o sábio Dr. Google verifiquei que não há filósofo com esse nome. Como há diversos homônimos, fiz algumas buscas, mas me ficou claro tratar-se de um arquiteto de ambientes internos.

O ponto que destacou é que a ética se refere ao livre, ao não obrigatório, a como as pessoas pensam e agem com total liberdade. Não matar e não roubar, por exemplo, não é ética, é obrigação. Assim entendendo, um país com muitas leis parece não ser um indício positivo da ética de seu povo.

ENTENDENDO TRINTA ANOS DEPOIS

Fui a uma reunião de trabalho em uma usina de açúcar na região de Jaú. Estava comigo o Melo, profissional competente, que além de diretor de uma empresa nossa associada era professor da FGV.

Após o almoço, conversávamos sobre generalidades, no terraço da casa sede da usina, quando ele falou uma coisa que me incomodou: "a pessoa se torna um bom profissional quando não precisa mais pensar". Contrariava todas as minhas ideias sobre o profissionalismo.

Escutar "porra-louquismos" é coisa que estamos acostumados.e o destino é sempre a lata de lixo. Mas como poderia ir para a cesta algo vindo de pessoa tão vivida e sensata? Como, por outro lado, não poderia ser aceito, ficou no limbo, no espaço entre o não entendimento e a reflexão futura.

Trinta anos após, estava conversando com meu filho sobre uma questão relativamente complexa em economia, quando comecei a rir muito. "O que aconteceu que você está rindo tanto?", perguntou-me.

"Acabei de entender algo que por trinta anos não havia entendido". A conclusão da questão sobre a qual conversávamos veio instantaneamente, sem passar pelo processo de etapa a etapa até chegar à conclusão. Ou seja, o conhecimento estava tão incorporado que dispensou a reflexão usual. Era isso, no fundo, que o Melo havia dito.

SOLIDÃO

A solidão sempre foi o meu ambiente. Na infância, alternava com períodos um pouco mais sociáveis, mas na juventude alcançou a totalidade. Em parte, decorria da minha ignorância sobre mim mesmo, o que me levava ao mergulho interno, na busca de algum autoconhecimento.

A busca, por muitos e muitos anos, parecia infrutífera e o fato de viver um mundo interno discrepante da realidade externa me levava à proximidade e ao medo da loucura.

Com o tempo, além da busca permanente, comecei a ter alguma interação com o mundo externo e convívio com o outro.

Foi nessa fase que li o monumental "E assim falou Zaratustra", de Nietzsche, em que mostrava limpidamente que o autoconhecimento e o consequente crescimento só ocorrem com a vivência da solidão. E a razão é bastante simples, a vida em sociedade limita o cidadão, na medida em que é moldado pelos diversos códigos sociais. Além da força externa nesse sentido, há também a interna, que vem da necessidade de ser aceito pelo grupo.

Para se livrar dessa impregnação, Zaratustra viveu isolado na floresta por um tempo, sendo sua residência uma caverna. Esse isolamento e a liberdade de pensamento permitiu-lhe um certo conhecimento do seu eu.

Zaratustra foi um sábio persa, mas alguns consideram que talvez não tenha existido, sendo na realidade o alter ego de Nietzsche.

Mas não é qualquer um que chega ao autoconhecimento por meio da solidão. Para muitos, esta significa a ausência de tudo, o que pode ser insuportável. A esse estado de espírito o filósofo chamava de "abandono".

Assim, referia-se à solidão como algo extremamente positivo, o ser humano introjetado em si mesmo. Já o sentimento de ausência, de vazio, que muitas pessoas sentem quando sós, seria o abandono.

Atualmente chama-se de solitude esse estado rico de introspecção a que Nietzsche se referia como solidão, à qual se dá atualmente o significado de abandono. Mas nada mudou, apenas alteraram-se as palavras que expressam esses estados internos.

FIM DO NAMORO

Recebi pelo WhatsApp uma mensagem que mexeu comigo. Perguntava se era irmão de Maria Aparecida Moura Campos, e havia menção de duas amizades da remetente, ambas muito amigas de minha irmã. Não a conhecia ou não me lembrava de conhecê-la, mas era notório que se tratava de pessoa próxima a ela.

Minha irmã faleceu há 60 anos, e embora continue viva para mim, há tempos não ouvia qualquer referência externa a ela.

À noite, a mensagem voltou à minha cabeça diversas vezes e levantei para verificar de quem se tratava. Logo que entrei em sua página do Face, vi o que esperava. Além da menção ao Colégio Des Oiseaux, o nome de diversas colegas suas e fotos de algumas delas, muitas das quais há anos não tinha notícia.

Voltei para a cama, mas as memórias continuaram me movimentando. Lembrei-me de outra amiga da minha irmã, que fora sua colega de faculdade no Mackenzie. Esteve conosco em umas férias na fazenda, em que também levei alguns amigos, além de um primo e uma prima. Nesse ambiente memorável, iniciou namoro com um dos meus amigos.

Já de volta à Paulicéia, após um jantar na casa da namorada de férias, o pai dela, membro da Tradicional Família Paulistana (TFP), discorreu-lhe, com muito orgulho, sobre a família, diversos parentes ilustres, alguns, inclusive, famosos.

Após a eloquente apresentação, perguntou-lhe a que família pertencia. Ele, que sempre primou pela autenticidade e ciente que não tinha currículo expressivo a apresentar, respondeu-lhe que não tinha família.

Fim do namoro.

APEGO À VIDA

Costumamos acreditar que as pessoas felizes têm maior apego à vida do que as infelizes. É um raciocínio lógico, que deve fazer sentido em muitos casos. Mas em mim ocorre o contrário, e não devo ser caso único.

Quando me sentia vazio, com muitas dúvidas internas e poucas realizações, a morte parecia assustadora, era o passar a vida em branco, o nada transmitir que lhe desse algum sentido.

Ao longo do tempo, com muita reflexão, empenho e realização e, naturalmente, muito sofrimento, consegui mudar a minha autoavaliação. Sou uma história em andamento, que faz sentido em si mesma, e se encerrada estarei imortalizado naqueles com quem convivi.

Pensamos muito na influência que temos ou tivemos sobre as pessoas próximas, mas nos esquecemos que talvez a tenhamos sobre pessoas cujo contato tenha sido temporário ou eventual. Há pessoas que tiveram grande importância em minha vida e não têm qualquer ciência disso. Talvez, o mesmo ocorra com outros em relação a mim. Essa vivência me faz pensar que a minha infinitude poderá ir além dos meus próximos.

Se estou construindo a minha história, cujo alcance não se esgota em mim mesmo, por que temer a morte física? Quando chegar o momento que venha, sem lástima alguma, a receberei leve e solto.

CÁSSIO

Acompanho futebol desde meados da década de 1950. Na infância, era o interesse central da minha vida. Quando o Corinthians perdeu a final do campeonato paulista de 1957 para o São Paulo, por 3x1, com gols de Maurinho, Amauri e Canhoteiro, para o São Paulo e Rafael, para o Corinthians, pareceu-me que o mundo iria acabar. Nada mais tinha importância, o vazio era total.

Com o tempo, fui perdendo o interesse, embora ainda aprecie um bom jogo. Meu filho e meus amigos de faculdade mantiveram em mim alguma chama pelo esporte mais popular do mundo. Já os fiascos recentes do Brasil, que durante muitos anos foi apresentado no exterior como "os reis do futebol", atuaram no sentido contrário.

A mudança nesse esporte foi total, dentro e fora do campo. Com a superpreparação física dos jogadores o campo ficou pequeno e as oportunidades de gol a cada partida diminuíram sensivelmente. Os goleiros evoluíram de tal forma que alguns tornaram-se muralhas.

A direção dos clubes, anteriormente ocupadas por apaixonados pelos times, passou a ser exercida por "profissionais" (?), mais preocupados com o enriquecimento próprio do que pelos resultados obtidos. Felizmente, nota-se uma tendência atual para os resultados efetivos dos clubes, alguns privatizados.

Da época de presidentes apaixonados pelo Corinthians, não há como se esquecer de Alfredo Inácio Trindade, Vicente Matheus, Wadih Helou e Roberto Pasqua, alguns deles injetando recursos próprios no time. No São Paulo, Laudo Natel tinha esse mesmo espírito.

Meus ídolos como corinthiano foram Gilmar dos Santos Neves (o maior dos goleiros da fase antiga do futebol brasileiro), Roberto Belangero, Cláudio Cristóvão Pinho (maior artilheiro da história do time), Luisinho (fantástico, com facilidade extraordinária de drible), Rafael Chiarela, Wladimir (jogador que mais partidas disputou pelo clube), Rivelino, Russo, Biro Biro (batizado carinhosamente por Vicente Matheus de Lero Lero), Doutor Sócrates (que jogador!), Palhinha, Casagrande e Carlito Tevez.

Mas sem dúvida o maior jogador da história do Corinthians foi e é Cássio. Teve uma breve passagem pelo Grêmio, jogou cerca de quatro anos no PSV Eindhoven, um dos times mais importantes da Holanda, um pequeno período no Sparta Rotterdam e foi para o timão em 2012, tornando-se titular absoluto e o segundo jogador que mais partidas disputou pelo clube, suplantado nesse quesito por Wladimir.

É o jogador mais importante do clube, não só porque esteve nas suas maiores conquistas, mas foi fator fundamental em todas elas, Campeonato Brasileiro, Libertadores da América e Mundial. Ouso dizer que, sem ele, não teria chegado a esses títulos, porque literalmente fechou o gol, pegando até pensamento.

Acresce-se a isso a postura de um profissional sem arrogância, um autêntico membro da equipe, em nada diferente dos demais.

Cássio, mais que um goleiro, um grande personagem do Corinthians

SONO NOTURNO

"Durmo como uma pedra e não acordo durante a noite". Que maravilha!

"Não consigo dormir, mas o doutor me receitou um remédio formidável".

"Qual o nome dele? Já vou marcar um horário, meu sono está muito atrasado".

Papagaios! Todos estão com medo de si mesmos.

Não somos o ser estruturado e encouraçado, que nos vemos no espelho ao lavar a cara e espantar o sono. Somos aquele ser assustado e amedrontado, que perdeu o sono, está sem defesa e tentando entender alguma coisa. Aviso aos navegantes: esse é o momento mais rico em suas vidas. Você é esse ser confuso, que pouco entende si mesmo.

Não durma direto, nem tome remédio. Deixe o medo e a indefinição tomarem conta de você. Afinal, se conseguir ver alguma coisa nesse caos, estará começando a conhecer a si mesmo.

"Quero dormir, porque tenho muita coisa a fazer no dia que vai se iniciar, muita coisa a aprender".

Aprendo tudo sobre a lua, mas nada sei de mim mesmo. Faz sentido?

INSIGHTS

Tenho sentido uma redução dos *insights*, aquela primeira visão de algo intrinsecamente meu, que até então não era percebido. Nada preocupante, ao contrário é uma indicação de que já me conheço melhor.

Mudei profundamente a partir dos primeiros momentos que adquiri a capacidade de enxergar a mim mesmo e detectar os enganos internos. A cegueira era produto dos constrangimentos vividos na fase infantil, que de tão fortes tornavam-se repetitivos e perenes.

O processo do autoconhecimento é longo (na realidade é infindável, sempre há algo mais a se conhecer), o que pode ser um óbice para muitas pessoas em um mundo que parece exigir respostas cada vez mais imediatas. Vontade, esperança, persistência e parceiros que ajudem a enxergar através da neblina são importantes nesse aprofundamento do conhecimento de si mesmo.

UM VIOLÃO

Tenho boa memória, mas me lembro apenas de um único presente dela. Era um violão Del Vecchio, e eu tinha cerca de 12 anos.

Durante um ano, tive aula em um conservatório musical (Meireles), mas não levava jeito algum. O curioso é que adorava música e tinha alta sensibilidade musical, mas não conseguia desenvolver nada ao violão. Só conseguia tocar algo reproduzindo a partitura.

O fato de ter uma certa deficiência auditiva talvez ajude a explicar, mas penso que tenha sido um motivo de segunda ordem. Na verdade, sempre tive duas mãos esquerdas, total falta de habilidade para os trabalhos manuais. Mas era um jogador razoável de futebol e bom jogador de tênis de mesa, o que parece indicar que a minha falta de habilidade era seletiva.

Hoje, acho que entendo bem essa falta de jeito. Não tenho constrangimento em falar a respeito, mas como não estou ao confessionário deixo a matéria para uma outra vez.

Levei uma chacoalhada ao assistir a uma belíssima apresentação sobre a história da nossa bossa nova. Todos os seus grandes atores lá estavam, cantando as músicas que conhecemos e falando sobre seus envolvimentos.

Chamou-me a atenção como o violão era parte inseparável de muitos, parecia até fazer parte deles próprios. Me emocionei com diversas músicas e trouxe o meu violão de volta. Embora improdutivo, continuava vivo. O que passou, passou, mas não morreu.

Incrível como muitas pessoas limpam o passado e julgam haver sabedoria nisso. É o oposto, é a morte a cada instante e a inexistência de qualquer história. Quem dessa forma vive, está sempre se matando. A vida é uma continuidade e não uma folha isolada após a outra.

Felizmente, trouxe de volta meu violão. Parado por muitos anos, mas pronto para ser questionado e reiniciado.

BOSSA NOVA

Assisti um excelente filme/documentário, *Coisa mais linda: histórias e casos da bossa nova*. Reproduzo alguns pontos que me chamaram a atenção.

O documentário foi coordenado por Roberto Menescal e Carlos Lyra e apresenta antecedentes, músicas tocadas e cantadas pelos compositores e cantores que marcaram a época e entrevistas com eles.

Chama a atenção o fato de que, entre os compositores, praticamente não havia participação feminina. Era um ambiente quase totalmente masculino. A participação das mulheres era indireta, como musas inspiradoras, assim como as belezas do Rio de Janeiro, ambas cantadas em prosa e verso.

O mesmo não ocorreu entre os cantores, entre os quais a participação das mulheres foi significativa, destacando-se as figuras maiúsculas de Nara Leão e Elis Regina.

Um aspecto que não dá para passar desapercebido, com uma certa melancolia, é a transformação do Rio de Janeiro, da cidade maravilhosa, inspiradora do amor e da beleza, na sua realidade atual. E isso ocorreu em relativamente pouco tempo (cerca de 60 anos).

A bossa nova nasceu em Copacabana e gradativamente foi se deslocando para Ipanema, acompanhando o desenvolvimento da cidade.

Por que as músicas da bossa nova eram geralmente cantadas em voz baixa?

Roberto Menescal explica: "Estudávamos e trabalhávamos de dia e nos reuníamos à noite em apartamentos em Copacabana, para cantarmos juntos e expor nossas composições.

A maioria desses prédios tinha trinta apartamentos por andar e paredes com apenas cinco centímetros de espessura. Os vizinhos batiam com vassouras nas paredes, parem com o barulho. Começamos a cantar cada vez mais baixo, para nos adaptar, e com o tempo nos habituamos a isso".

Em uma apresentação de João Gilberto, com teatro lotado, sentado em seu banquinho usual e com a voz baixa de sempre, alguém do grupo disse "João, canta mais alto para o auditório ouvir", ao que Nara Leão retrucou: "continua cantando baixo, para o pessoal fazer ainda mais silêncio para ouvir melhor".

A primeira apresentação da bossa nova em palco grande e aberto ocorreu na PUC-RJ, onde diversos compositores e cantores estudavam. A Universidade deu todo o apoio, mas impôs uma única restrição. Uma das integrantes do palco seria a atriz Norma Bengel, que havia gravado um disco com músicas de bossa nova, com o detalhe de que, na capa, aparecia sentada e nua. Os padres vetaram sua presença.

Além do samba e do jazz, sempre os mais lembrados, o choro e o baião também tiveram suas influências na bossa nova. O número de compositores e cantores de primeira linha que aí beberam sua água é tão grande que o espaço seria pequeno para citá-los individualmente, mas não é demais lembrar que Tom Jobim, Vinicius e João Gilberto foram figuras exponenciais.

Tom foi o concertista da bossa nova, com seu imenso talento e profunda formação clássica. Foi influenciado por Debussy, Gershwin, Chopin, Rachmaninoff e Villa Lobos, entre outros.

Newton Mendonça, que eu desconhecia, foi citadíssimo como um músico igualmente iluminado, companheiro de composição de Tom no início de carreira, que com ele compôs "Samba de uma nota só", "Desafinado", "Só saudade" e "Meditação". Infelizmente, faleceu precocemente, aos 33 anos, o que não o impediu de fazer parte importante da memória da bossa nova. Segundo Carlos Lyra, ele e Tom compunham a quatro mãos.

Tom era o irmão de todos, e Vinicius, com a sua resplandecência, era o pai. Além disso, tinha uma forma paternal ao se referir aos amigos no diminutivo, "Carlinhos, Robertinho...".

Apesar da decadência da cidade palco, não posso deixar de citar Gilberto Gil, "O Rio de Janeiro continua lindo".

Tive a felicidade recentemente de estar no batizado da minha neta, na capelinha sob a base do Cristo Redentor. Era um domingo esplendoroso, sem uma única nuvem no céu e a visão do Corcovado era de 360º, infinita. Pode haver, no mundo, outra vista tão linda?

TRANSMISSÃO

Estava com um teólogo e filósofo e lhe falei sobre as minhas descrenças em relação à religião. Sou de família religiosa e estudei em colégios de padre. Embora tenha absorvido os princípios e valores transmitidos, que eram coerentes com os recebidos em casa, não via exequibilidade no que era exposto nas aulas de religião e em outros eventos sacros.

Ele me indicou dois livros de um teólogo brasileiro, que foi colega de magistério de Einstein na Universidade Princeton. Um deles, *Einstein e o enigma do universo*, considero um dos melhores que já li. Apresentava as ideias do brilhante cientista sobre o universo e sobre o ser humano.

Em seguida, o dei a um amigo que sabia que iria se apropriar da riqueza da leitura. Recentemente, esse amigo publicou uma obra sobre autoconhecimento, na qual faz citações do livro.

Chama a atenção a capacidade de transmissão de uma pessoa rica (no sentido humano). Aquele teólogo e filósofo indicou-me um livro que foi muito valioso para mim, que o indiquei a um terceiro, que também se enriqueceu com a leitura e o está transmitindo para seus leitores.

E sou apenas uma das pessoas do seu relacionamento, que deve tê-lo indicado ou sugerido para muitos outros. A ação de uma única pessoa pode ter um efeito em cadeia.

Muitos pensam que a nossa capacidade de transmissão se limita à família, quando em alguns casos pode ir muito além. Algumas pessoas importantes em minha vida jamais tiveram ciência da sua importância para mim. Será que sou importante para outros, sem o saber?

RÁDIO DA FAZENDA

O lugar onde passei as melhores férias da infância e início da juventude foi na fazenda de café de meu avô, em Garça/SP. A casa sede era simples e havia uma sala para a qual davam os três quartos.

À noite, meu pai ouvia música na sala em um daqueles rádios antigos de madeira com painel de pano, de ótimo som (para a época). Enquanto eu tentava dormir, escutava as músicas.

Três delas me trazem a Fazenda São José do Rio do Peixe à memória. A primeira é "Conceição", de Jair Amorim, com o grande Cauby Peixoto. Em um dos julhos que lá passamos era o grande sucesso e estava presente em todos os programas musicais. Impossível não fazer a ligação. "Lampião de gás" e "Saudades de Jereré", ambas cantadas por Inezita Barroso, são outras composições em que faço essa associação.

Quando estive de passagem em Garça, após 40 anos da sua venda pelo meu avô, não resisti e resolvi ir até lá para matar as saudades.

A antiga casa sede estava abandonada e nenhum móvel havia sido acrescido ou retirado. Tudo continuava absolutamente igual, mas em estado de abandono. Ao entrar na sala, me deparei com o velho rádio de madeira, sobre o mesmo console em que ficava. Foi uma enorme emoção e não consegui conter as lágrimas.

A fazenda continuava (e continua) viva em mim.

GENTILEZA

"De tanto fazer gentilezas desperdicei a minha vida". A preocupação em agradar sistematicamente o outro traz consigo o abandono de si mesmo e revela falta de amor-próprio.

A verdadeira gentileza é a que praticamos com nós mesmos. É aceitar as nossas imperfeições e não nos culpar a cada falha, muitas das quais assim são sentidas, mas podem até não sê-las. Não se trata de sermos condescendentes conosco, mas, sim, justos, reconhecer que em meio às nossas imperfeições temos muitas coisas positivas.

E sendo gentis conosco, o seremos com o próximo. Se não me culpo, não me censuro a cada erro, assim farei com o outro. E a minha gentileza para com ele será muito mais sincera, mais verdadeira.

MÚSICA

Quando escuto o concerto para piano número um de Tchaikovsky, perco o contato com a realidade. Vou às nuvens, vivo o imaginário grandioso, oposto da minha simples realidade.

Essa conexão ou desconexão começou bastante cedo, não devia ter muito mais de dez anos de idade. Frequentava o Cine Lar, que funcionava anexo à Igreja dos frades capuchinhos, na Avenida Brigadeiro Luís Antônio, em que tocava essa obra-prima antes do início dos filmes.

Outra que sempre me causou arrepios é a Ave Maria de Schubert. Fiz o ginásio e o científico no Colégio São Luiz, dos padres jesuítas, que sempre ligavam os alto falantes com essa música no horário da saída.

A ligação da religião com a música sempre foi forte. Os padres tinham canto orfeônico em sua formação e desenvolviam o gregoriano em grupos. Os próprios alunos do colégio tinham essa disciplina no currículo, tive anos de aulas com o maestro Archerons.

Elton John é gênio musical, além de ser humano diferenciado. São tantas músicas belíssimas que não faria sentido citá-las individualmente.

No filme *Rocket man*, sobre a sua vida, há uma passagem que fala, por si só, da sua genialidade musical.

Seus amigos insistiam para que fizesse um teste na Royal Academy of Music de Londres. Elton evitava se inscrever, pois, devido à sua baixa autoestima, julgava que não tinha predicados para isso.

Finalmente, se apresentou. Ao entrar na sala onde seria ouvido, uma pianista tocava, em alto estilo, uma música clássica (se não estou enganado, de Chopin). Meio sem graça, ficou em pé no canto, escutando. Antes de encerrá-la, ela levantou-se e falou para Elton: "Toque uma música".

Ele começou a tocar, com a genialidade que ficou conhecida por todos, a mesma música que a pianista estava tocando, e igualmente encerrou-a antes do final.

Ao ser interrogado, porque havia parado, respondeu que foi no mesmo ponto em que ela havia encerrado. Ou seja, não conhecia a música e, em uma única audição, a assimilou totalmente e a reproduziu com perfeição. Coisa de gênio musical. Desnecessário dizer o resultado do teste.

Pelos inúmeros feitos e serviços prestados recebeu, da realeza inglesa, o título de Sir. Ao dar uma olhada em seus dados pessoais, um detalhe alegrou-me. Nasceu em 25 de março de 1947, mesma data do meu nascimento.

Sempre que escuto Volare (Nel Blu Ti Pinto Di Blu), voo no céu infinito todo azul, sobre o mar, as montanhas e as casas. Acho que ao escutar a maravilhosa música, que venceu o Festival de San Remo de 1958, todos se sentem mais ou menos assim.

Mas a música vai muito além da percepção dos desavisados, como eu, que, por desconhecerem o italiano, não captam toda a riqueza da letra.

O azul é tratado em três diferentes níveis. "Ti Pinto Di Blu" vem do quadro predominantemente nesse tom do bielorusso

Marc Chagall, que havia impressionado Franco Migliacci, companheiro de Domenico Modugno na composição da música, e inspirado nele um sonho.

Em seguida, vem o azul do céu infinito, com o voo a alturas cada vez maiores, e finalmente o azul na terra, dos olhos de sua amada.

Que beleza!

ZAGALLO

Mário Jorge Lobo Zagallo foi tetracampeão mundial, o maior ganhador da Copa de todos os tempos, duas vezes como jogador, em 1958 e 1962, uma como técnico em 1970 e outra como auxiliar técnico de Carlos Alberto Parreira, em 1994.

Penso que as maiores virtudes desse megacampeão foram determinação e ação para alcançar o desejado, além de uma ótima estrela (sorte).

Não foi um grande jogador, mas extremamente útil, funcionando como formiguinha nas seleções de 1958 e 1962, reforçando o meio campo e liberando grandes atacantes para melhor cumprir seus papéis. Sem dúvida, seu reserva na ponta-esquerda, Pepe, era individualmente mais dotado que ele.

Em 1970, além de um grande time, foi beneficiado pelo desligamento do técnico anterior, João Saldanha, já na fase de preparativos para a Copa, mas também mostrou sua capacidade, promovendo Clodoaldo e Rivelino para a equipe principal, ambos com importante papel na conquista do título, além de ajustes táticos.

E em 1994, demonstrou toda a sua grandeza ao aceitar, em prol da seleção, um cargo inferior ao anterior, como auxiliar técnico de Carlos Alberto Parreira.

Foi um exemplo de como a força e determinação podem suplantar o talento.

FLUIR

A vida é fluir. Ter pensamentos e sentimentos diversos, alguns até opostos em si mesmos, mas todos existentes em nós. Vivê-los sem procurar classificá-los previamente como certos ou errados, verdadeiros ou falsos. Deixar que a reflexão interna dê o nosso próprio sentido.

VULNERABILIDADE

Nos dicionários, vulnerável é aquele (ou aquilo) que é frágil, indefeso, corre riscos de ser destruído ou danificado. Muitas vezes, o sentido literal esconde detalhes importantes.

Meu amigo Ricardo Porto, em seu *Ouse ser quem você é*, traz uma excelente abordagem da vulnerabilidade. Pensemos um pouco. De certa forma, todos somos, em algum grau, vulneráveis. Lidamos com todos os tipos de fatos e eventos da vida, muitos dos quais não temos controle. Por mais adultos e desenvolvidos que sejamos, estamos sempre correndo o risco de avaliações parciais ou até mesmo equivocadas. Diria até que os mais evoluídos são aqueles que têm a capacidade de modificá-las, na medida em que percebem aspectos não captados de imediato.

Diante disso, reconhecer a nossa vulnerabilidade é fundamental para vivermos de forma ampla e aberta, tendo a capacidade de estarmos em constante modificação, até no que nos parecia finalístico.

PROFESSOR HENRY

O amigo Vergueiro indicou-nos pelo WhatsApp o filme *O desafio de Marguerite*. Além da boa qualidade, lembrou-lhe aquele professor louco que tivemos na faculdade (segundo suas palavras) e gostaria de saber se faríamos a mesma ligação.

Imediatamente, pensei em um professor de história que era muito esquisito, mas na sequência li os comentários de outros colegas e vi que se tratava do professor francês Henry, de complementos de matemática.

Outras opiniões convergentes sobre ele foram surgindo, como antissocial e autista. Minha postagem foi de que, ao contrário de todos, o julgava um bom professor.

O filme era sobre matemática, e, além de Marguerite, os demais professores e estudiosos usavam o quadro negro para desenvolver as equações e seus desdobramentos na apresentação de suas ideias.

Esse era o ponto central da associação com o professor Henry, que passava todas as aulas escrevendo na lousa, de costas para os alunos. Ao considerarem-no nerd, por essa característica, não percebiam que a matemática é totalmente lógica e que cada passagem deve ser desenvolvida e não simplesmente citada. Qualquer inconsistência derruba uma tese.

Além da personalidade matemática, tinha algumas características pessoais que o tornavam pouco comum.

Na introdução às derivadas e integrais, um dos alunos de nossa classe perguntou-lhe qual a diferença entre os conceitos matemáticos de entorno e vizinhança, que acabara de explicar. A resposta: "É a mesma que há entre um poste e uma vaca". Desnecessário dizer que poucos se aventuravam a perguntar, exceto os que acompanhavam bem a matéria.

Os índices de reprovação de sua disciplina só não eram muito grandes, porque lia jornal durante as provas e exames, não dando atenção para as "colas" que os poucos alunos que dominavam a matéria passavam para os demais.

Em um dos exames, um dos fornecedores de cola emprestou sua prova para o vizinho de carteira, que, por sua vez, o emprestou a outro e assim foi rodando até que, no momento da entrega, não conseguiu localizar com quem estava. Levantou-se e gritou "meu exame sumiu". Risada geral que o professor ignorou. Empenhava-se para ensinar aos que quisessem aprender, aos que não quisessem que enfrentassem a profissão na ignorância.

TODA LUZ QUE NÃO PODEMOS VER

Li recentemente um artigo sobre os diversos descobrimentos previstos pelo escritor francês Júlio Verne, no século XIX, como comunicação através de rádio e cabos, submarino, avião e viagem à lua.

No dia seguinte assisti ao filme *Toda luz que não podemos ver*, em que os personagens centrais, Marie Laure, uma moça cega, e seu pai fogem de Paris para Saint-Malo, no litoral francês, devido aos bombardeios da capital francesa pelos alemães, na Segunda Guerra Mundial.

Após algum tempo a região também começa a ser alvo dos ataques aéreos nazistas e Marie Laure, que se especializou na comunicação por rádios, começa a captar informações sobre as incursões alemãs e a enviá-las para os aliados, para balizar suas posições de defesa.

Os alemães percebem a existência desse canal de comunicação e iniciam uma caçada sistemática para detectar sua origem.

Impressionou-me a coincidência temporal entre a leitura do artigo sobre Verne e o filme, mostrando o uso do sistema previsto por ele meio século antes. Além disso, o ficcionista científico francês é citado diversas vezes.

Pode parecer simples coincidência, mas essas sincronizações temporais ocorrem com certa frequência em mim, o que me faz crer que há uma capacidade interna de captação de alguns eventos externos. Penso também que não deve ser algo inerentemente meu, mas comum à natureza humana, e que muitos não se permitem perceber.

MANIQUEÍSMO

Embora o maniqueísmo tenha base religiosa (Pérsia), comumente está presente no pensamento humano, principalmente nas populações mais atrasadas, mas não apenas nessas. Está presente até em alguns meios que se dizem intelectuais.

Consiste na separação total entre o bem e o mal. O homem bom é sempre bom e o mau sempre mau. Da mesma forma, o certo e o errado são opostos inconfundíveis. Não há o meio termo.

O maniqueísta é um simplista, que define e classifica tudo com absoluta precisão.

SOBREVIVENTE

Comecei a escrever na juventude, mas não atribuía valor ao que escrevia, simplesmente guardava em uma pasta. Uma única vez considerei de boa qualidade um conto de minha autoria e o enviei a um concurso literário, mas não recebi prêmio algum.

Quando entrei na fase adulta, parei de escrever, devido aos diversos encargos profissionais. Recentemente, mais dono do meu nariz, recomecei.

De início dediquei-me às memórias da fazenda São José do Rio do Peixe, em Garça/SP, onde passava férias na infância e início da juventude. Envolvi-me de tal forma que sonhava e meditava, à noite, nas passagens que ia escrevendo.

Como já havia se passado 60 anos, grande parte das pessoas citadas já haviam falecido, como meus pais e irmãos, companheiros nessas jornadas. Tínhamos ligações fortes com os proprietários da fazenda vizinha, que certamente já haviam se ido, mas seus dois filhos, Carlos Gustavo e Ovídio, que tinham a mesma idade que eu e meus irmãos, estariam provavelmente vivos. Como há muito tempo havia perdido o contato com eles, fiquei ansioso em localizá-los e lhes entregar as memórias.

Não foi fácil, porque era um sobrenome italiano bastante comum (Rizzo) e tive que consultar o Dr. Google por um bom tempo para localizar o filho de um deles. Muito educado, disse-me "não tenho boas notícias para lhe dar, meu pai e meu tio são falecidos". Enviei-lhe as memórias e disse-me que gostou de lê-las (talvez por educação).

Não pude deixar de pensar que escrevi um documento que perenizou importantes momentos da minha vida, em que sou o único sobrevivente dos personagens envolvidos.

O DESBUNDE

Há muitos anos assisti a uma peça de teatro que estava comentada, por introduzir novos conceitos. Logo no início, me surpreendi, porque todos os personagens estavam nus. Se se tratasse de uma peça cujo cenário fosse um bordel tudo bem, mas não era o caso. Até mesmo as servidoras de cafezinho estavam nuas.

A mensagem era de liberdade total, todos se apresentavam como realmente eram, a roupa faz parte dos nossos enfeites cotidianos, apenas para atender um quesito social. Mostremo-nos como realmente somos.

Achei um exagero, não é preciso se apresentar nu para ser autêntico. Isso me fez considerar a peça de baixa qualidade e acabei jogando no lixo todo o seu conteúdo. Como era preconceituoso, me ocorre que se fosse menos intransigente em relação a esse ponto, talvez tivesse encontrado alguma coisa útil.

Recentemente assisti a uma entrevista com o diretor da peça. Realmente fora dos padrões normais, mas dei boas risadas, porque era extremamente inteligente e suas colocações faziam muito sentido dentro de sua lógica de pensamento. A âncora continuava sendo a liberdade total.

Em certos momentos da entrevista, os que estavam comigo diziam "é louco", sem penetrar no universo do entrevistado.

Sua última resposta foi apoteótica. O entrevistador: "Em sua opinião, qual foi a mais importante evolução do mundo nas últimas décadas?". A resposta: "O desbunde", a capacidade de desbundar sem se preocupar com o julgamento alheio.

UM SONHO

Sonhei que estava em um local, provavelmente aeroporto, e não conseguia localizar todas as coisas que precisava. Em mais de um balcão, faltava o documento que precisava apresentar.

Essa situação me criou uma certa sensação de mal-estar, mas não de desespero. No passado, seria de desespero. Agora, estava implícito que o que falta não me esvazia. O não encontrar é uma ausência, mas não a nulidade.

O sonho tem tudo a ver com a minha vida, como me sentia e como me sinto hoje diante da falta.

INCAPACIDADE

Tive um problema de saúde que exauriu minhas forças e a capacidade de resolver qualquer questão interna ou externa.

Foi tão traumatizante que, apesar de temporário, fiquei amedrontado de perder a minha autonomia.

Sou emocionalmente trabalhado. A superação da fase infantil foi particularmente difícil para mim, pois aos quatro anos de idade fiquei um ano distante (sem qualquer comunicação) de meus pais, que passaram esse período nos Estados Unidos, enquanto fiquei no Brasil com meus avós.

O meu sentimento de dependência dos pais, que se seguiu, era uma tentativa interna de compensar o amor que faltou (como se isso fosse possível) e se arrastou por longo período. O crescimento e a independência, desejáveis em qualquer ser humano, tinham em meu íntimo o significado viesado de falta de amor.

Com o autoconhecimento, consegui gradativamente superar a dependência. Com o forte efeito da epidemia, voltei a sentir a incapacidade de resolver as minhas próprias questões, como na fase infantil. Parecia que a superação passada fora perdida.

Não foi isso que aconteceu, não apenas retomei o progresso passado como fui adiante. Reviver o sofrimento e voltar a superá-lo fortaleceu o que já havia alcançado.

TUDO, NADA

Sempre oscilei entre o tudo e o nada. Como o tudo não existe, porque somos incompletos, o nada era o meu estado de ser.

O tudo seria o sim absoluto, o alcançar todos os sonhos, realizar todos os desejos, ter domínio total sobre mim mesmo, não falhar, ser perfeito, ser valorizado por todos (principalmente por mim mesmo).

É pleonástico dizer que nada disso alcançava e, na impossibilidade de tudo, era o nada.

Nessa guerra interna, sempre perdida, a toda angústia emocional somavam-se os fracassos externos, pessoais e profissionais. E restrições físicas diversas, como falta de ar e várias alergias.

De onde vêm esses sentimentos internos desacerbados? Tem tudo a ver com a falta de amor. Não que tenha verdadeiramente faltado, mas a necessidade era tão grande que qualquer falta era total, a inexistência.

Após anos de reflexão e de autoconhecimento, o abismo entre a realidade factual e a sentida ficou evidente. Essa ciência tornou-me mais feliz e criativo.

Há uma outra constatação de tudo o que foi vivido. À primeira vista, pareceria que o sofrimento e as decepções passadas foram uma grande perda temporal. Se olhadas estaticamente realmente foram, mas elas só existiram devido à minha intensidade emocional acima dos padrões normais. Quando os fantasmas deixaram de existir (ou ficaram conhecidos), essa intensidade foi liberada e canalizada para a criatividade e o desempenho.

FALTA

Talvez, não haja algo tão importante para a realização e felicidade do ser humano do que a forma pela qual sente a falta, a ausência. Nascemos, crescemos e nos desenvolvemos e a falta está sempre presente, porque decorre da nossa incompletude.

Sentia brutalmente (não estou exagerando) a falta, porque me exigia a perfeição, seja pelo meu narcisismo, seja pelo que demandavam de mim. A ausência adquiria o significado total, a nulidade.

No outro extremo, aquele que desfila a sua grandiosidade (arrogância) nada mais faz do que esconder (dos outros e principalmente de si mesmo) o autossentimento de pobreza.

Claramente essas situações polares geram incessantemente enganos e sofrimento, mas seus portadores não são assim por opção consciente, mas por imposição inconsciente. Ótimo seria se tivessem a abertura interior para se analisar e se modificar, o que não é fácil nesse contexto de prevalecimento único.

O ditado popular do copo meio cheio é muito significativo, pois essa é a nossa realidade, não somos nulos, nem completos. Se nosso copo estará mais ou menos cheio vai depender fundamentalmente da visão íntima que temos de nós mesmos. Nossos sucessos e fracassos externos podem entrar nessa conta, mas são apenas figurantes, por serem relativos e sujeitos ao significado individual.

SONHO RECORRENTE

Na infância e início da juventude, tinha um sonho recorrente. Estava na primeira fileira da parte mais alta de um estádio de futebol. No momento do gol, as pessoas se levantavam para comemorar e eu era projetado para o espaço, acordando antes de atingir o solo.

Hoje, me veio à consciência. O meu despencar após o gol era a necessidade de evitar as emoções. Durante longo tempo, não conseguia suportá-las, e a minha defesa era substitui-las pela razão, na tentativa de evitar a dor.

Por que não suportava as emoções?

Durante um ano na minha infância, dos quatro aos cinco de idade, fui separado dos meus pais, que foram morar nos Estados Unidos, enquanto fiquei residindo na casa de meus avós paternos em São Paulo, uma experiência traumatizante. Além disso, dificuldades no convívio com minha mãe, bem intencionada, mas intolerante em relação às minhas falhas.

Felizmente, por meio do autoconhecimento, fui capaz de superar os traumas do passado, a ponto de entender o significado de um sonho tão profundo e recorrente.

DEFESAS EMOCIONAIS

As defesas inconscientes ou subconscientes procuram nos livrar das dores da emoção. O problema é que às vezes nos fornecem um alívio para uma situação imediata, mas com o tempo, se forem mantidas, não apenas não resolvem as dores que procuraram ser evitadas, como também as ampliam, tornando-as ainda mais insuportáveis.

Com o meu trabalho de autoconhecimento consegui, com muita dificuldade, ter ciência das minhas defesas, conviver com elas e finalmente superá-las, me tornando uma pessoa mais livre e feliz.

O processo é árduo, porque, entre outras coisas, as defesas lutam para se manter, quase como se tivessem vida em si mesmo.

Quando as primeiras constatações começaram a produzir algum efeito, como redução das pressões internas e consequentemente maior liberdade, frequentemente me vinham as perguntas: é real esse bem-estar? Será que não estou procurando me iludir de que estou melhor? Talvez a pergunta subjacente fosse: mereço melhorar?

Em fases mais adiantadas, nas quais a mudança de sentimentos já havia sido incorporada, repentinamente questões superadas voltavam com muita força, como para me lembrarem que continuam vivas. Por quê? Uma boa pergunta, cuja resposta não consigo ainda encontrar, mas me parece fazer parte do processo de superação.

PENSAR E SENTIR

A liberdade de pensar e sentir é o estágio mais avançado do desenvolvimento emocional, que infelizmente muitas pessoas jamais alcançam.

Desde cedo, as restrições se manifestam, a partir dos sentimentos e desejos em relação aos nossos próprios pais, fora de nossas compreensões. Formam-se áreas de autoproibição.

Depois vem a infância, em que importamos diversas proibições do ambiente em que fomos criados. Em seguida, a escola e a vida profissional, todas cheias de regras. Ufa! Quanta carga sobre um ser em formação, com pouca capacidade própria de discernir entre o certo e o errado, entre o prazer e a maldade e por aí afora.

E não falamos ainda da religião, que nos convence de que somos irrecuperáveis pecadores, destinados a pedir permanentemente perdão pelas faltas (?) cometidas.

É claro que essa carga pode ser maior ou menor, dependendo dos ambientes em que vivemos, mas é difícil imaginar que seja leve, mesmo nos melhores casos.

Como desintoxicar de tudo isso? Não consigo enxergar outra saída senão o conhecimento profundo de nós mesmos, o que não é fácil, pois os bloqueios que internamente montamos formam caminhos únicos, que tolhem a visão das alternativas.

Os cerceamentos são às vezes tão dominantes que a liberdade de pensar e sentir pode parecer libertinagem, quando é exatamente o contrário. Seremos realmente responsáveis quando nossas atitudes forem consequência de nossos próprios julgamentos.

E finalmente, mas não menos importante (*at last, but not least*), essa liberdade não significa descompromisso com a dor e a culpa, ao contrário significa poder senti-las, sem delas nos esconder. É dessa visão e vivência transparente que teremos condição de reavaliá-las, nos desimpregnando de culpas totalmente criadas por nós mesmos.

FAZENDA SÃO JOSÉ DO RIO DO PEIXE

MEMÓRIAS

Tive o privilégio, em minha infância e início da juventude, de passar as férias de julho na Fazenda São José do Rio do Peixe. Muitas coisas lá vivi, que continuam vivas em minha cabeça e em minha vida. Sinto a necessidade de compartilhar essas experiências com as pessoas que comigo as viveram.

A IDA

No último dia de cada mês de junho, tomávamos o trem noturno da Cia Paulista de Estrada de Ferro com destino à Garça, a 402 km de São Paulo. A saída era da Estação da Luz, um dos mais belos locais da cidade de São Paulo.

A partida era próxima às 20h00 e chegava em Garça às 7h30/8h00 do dia seguinte, onde um carro alugado ou do administrador da fazenda nos esperava.

Não só a Estação da Luz era muito bem cuidada, como o trem noturno de passageiros da Cia Paulista, dos ingleses, era de alto nível. Muito bem conservado e com vagões destinados a passageiros que viajavam sentados ou em vagões leito, com camas em dois níveis e banheiros super limpos.

Íamos sempre em leito, curtindo a viagem, observando a cada parada as pessoas embarcando e desembarcando. Gostava quando cruzávamos composições que transportavam gado, era o prenúncio do que estávamos para viver.

Na época, a característica das estradas de ferro era muito diferente da atual. O trem parava praticamente em todas as estações, em que embarcavam pessoas e mercadorias em pequena quantidade, ao contrário do que ocorre atualmente, onde as unidades param somente em pontos de grande movimento. Gostava do próprio barulho do trem se locomovendo sobre os trilhos.

Lá pelas 6h30/7h00, íamos para o vagão restaurante, onde todas as mesas eram cobertas com toalhas xadrez, típicas inglesas e tomávamos o café da manhã, já curtindo e esperando a chegada.

Incrível o que ocorreu com as estradas de ferro do Estado de São Paulo, que tinha uma excelente malha ferroviária. A Cia

Paulista, a Sorocabana, a Mogiana, a Estrada de Ferro Araraquara e a Estrada de Ferro São Paulo e Minas foram estatizadas, em 1971, com a criação da Ferrovia Paulista S.A (Fepasa) e se transformaram em um verdadeiro trambolho. Em 1998, a Fepasa foi extinta e incorporada à Rede Ferroviária Federal, outro exemplo da incompetência estatal.

EXCEÇÃO

A ida era sempre em clima de festa e expectativa. Cada acontecimento era acompanhado com interesse. Mas houve uma exceção, em que passei ao largo desse clima de expectativa.

No último dia de junho de 1957, fui assistir ao filme *A doutora é muito viva*, da Cia Vera Cruz, estrelada por Eliana Lage. Fiquei paralisado com a beleza daquela mulher. Naquele dia, ela dominou totalmente a minha atenção e os meus pensamentos. Ao invés dos detalhes da viagem, o meu pensamento foi só para ela.

IDA DE AUTOMÓVEL

Em uma única, vez fomos de automóvel.

Meu pai tinha um DKW verde-claro. Foi uma viagem inesquecível. Além de meu pai, minha mãe, meus dois irmãos e eu, tínhamos mais dois acompanhantes, nossa cachorra e uma maitaca.

Fizemos uma parada em um bosque em Maristela, bem ao lado da rodovia Marechal Rondon, a uns 150 quilômetros de São Paulo e montamos um piquenique no mais tradicional estilo. Cobrimos a grama com uma toalha e comemos frango com farofa, preparado com carinho para aquela parada planejada.

Além do local, que era bastante bonito, a própria visão da estrada era um convite para os pensamentos de tudo que veríamos até chegar em Garça.

A VOLTA DA VIAGEM DE AUTOMÓVEL

Exatamente ao contrário da ida, onde o ambiente era de festa, na volta, o clima não era tão favorável. O pensamento de que só voltaríamos à fazenda daí há um ano pesou bastante. Mas houve um fato inesperado que tornou a viagem um pouco mais amena.

Quando o final das férias começou a se aproximar, percebemos que a cadela estava grávida e próxima de parir. O parto ocorreu no dia anterior à volta. A tripulação acabou contando com mais sete filhotes de cachorro.

GARÇA

Garça é um município da região Alta Paulista, a 400 quilômetros a oeste de São Paulo capital. Sempre se destacou pela produção cafeeira, tanto em quantidade como em qualidade. A economia do município dependia e continua dependendo fundamentalmente do café.

As terras agrícolas eram quase todas dedicadas a essa lavoura. A pecuária tinha alguma expressão, mas ocupava as áreas de maior declividade ou de qualidade de terra inferior.

É uma cidade de tamanho médio, tendo atualmente cerca de 45 mil habitantes. Um maior crescimento foi prejudicado por estar relativamente próxima de Bauru e Marilia, que canalizavam o desenvolvimento da região.

A estrada de ferro tinha importância vital para a cidade, pois, ao final da década de 1950 e início de 1960, as rodovias que atendiam a região ainda não tinham expressão para promover um desenvolvimento significativo

FAZENDA SÃO JOSÉ DO RIO DO PEIXE

Como está no nome, lá se localiza a cabeceira do Rio do Peixe, afluente do Rio Paraná. Tinha 220 alqueires, praticamente toda em café, com algumas áreas secundárias ocupadas por pastagem. Pertencia a meus avós Cantídio e Bertha, em sociedade com meus tios bisavós, Pedro e Nicota.

Além do interesse comercial, ambas famílias valorizavam o lazer na fazenda. Passávamos lá as férias de julho, enquanto nas férias de início de ano os ocupantes eram da família de Pedro e Nicota.

Como Cantídio e Pedro não eram pessoas da agricultura, contrataram Otávio César, que conhecia propriedade rural e pessoa de alta honestidade e competência, para formar a fazenda. Foi também seu administrador nos primeiros anos.

Não cheguei a estar com ele na época em que era o administrador, mas o conheci na cidade, onde morava após o desligamento e aposentadoria. Conheci também sua filha, Morena, e seu genro, Aristides, que era bem relacionado e promoveu algumas visitas nossas em outras fazendas da região.

A casa sede da fazenda, embora confortável, era bastante simples, os três quartos davam diretamente para a sala e o piso era em madeira.

Na sala, havia uma cadeira em que meu pai sentava e ao lado uma console sobre a qual ficava um rádio grande de madeira e painel da frente em pano, típico dos rádios antigos. Gostava muito de música e costumava escutar um programa, onde, na abertura, um cantor italiano no exílio cantava uma música fortemente emotiva, expressando a saudade da sua terra. Quando do meu quarto escutava essa música, sentia uma grande angústia.

O pomar era grande, com diversas variedades de frutas, onde sobressaiam-se os abacateiros. Havia também uma horta, com muitas opções de verduras.

Adorávamos caçar passarinhos no pomar. Caçávamos sabiás, pocas e galos do campo com peneiras. Deixávamos as peneiras erguidas, apoiadas em um pequeno pedaço de pau, ao qual amarrávamos uma linha comprida, em cuja ponta ficávamos escondidos, deitados ou atrás de alguma árvore. Sob a peneira erguida, colocávamos pedaços de abacate. Quando o sabiá ou o galo do campo entrava para comer, puxávamos a linha e o pássaro ficava preso.

No período em que estávamos na fazenda, ficavam em viveiros e, ao final das temporadas, eram devolvidos à natureza. Caçávamos também sanhaços em alçapão, usando como atrativo mamão ou alpiste.

Bem em frente à casa sede, ficava o campo de futebol. Como a lavoura de café era altamente intensiva em mão de obra, todas as fazendas possuíam campo e time de football. O uniforme do time da fazenda São José do Rio do Peixe era azul e amarelo em listas horizontais.

Aos domingos, o futebol era a alegria das fazendas. Quando recebíamos a visita dos times de outras fazendas, a torcida, é claro, era sempre favorável a nós e contra os visitantes. Quando íamos jogar fora, toda a torcida era contra nós.

Praticamente todos os trabalhadores e patrões iam assistir aos jogos. Além dos torcedores, havia os vendedores de doces, que passavam com suas cestas. Vendiam paçocas e cocadas brancas e marrons, maravilhosas. Gostaria de voltar a comê-las hoje, para saber se eram realmente tão boas ou se era devido ao prazer que sentia quando assistia aos jogos.

Sempre havia alguns torcedores embriagados e que gritavam coisas impróprias, normalmente referências pouco abonadoras aos jogadores do time adversário.

Utilizávamos também o campo de futebol para pegarmos belíssimas borboletas, com o uso de peneiras. Eram grandes e de diversas cores, algumas multicolores.

Caçávamos as borboletas após a leitura diária das estórias da Seleções do Reader's Digest. Éramos obrigados pela nossa mãe a ler uma hora por dia dessas estórias, porque pegávamos rapidamente o sotaque caipira (principalmente eu), vindo do convívio com os trabalhadores e crianças da fazenda e ela ficava preocupada que jogássemos no lixo todo o aprendizado de português da escola. Particularmente marcante era a troca do l pelo r. Ao invés de valsa, varsa.

Acho que ela tinha razão em exigir a leitura. Se há alguma coisa que penso que faço bem é escrever.

Após o campo de futebol, havia um bosque de eucalipto, no meio do qual, em uma área gramada, erguia-se uma capela. Próximo ficava a casa do administrador da fazenda.

Mais abaixo, havia um grande e belo terreiro em três diferentes níveis. Após a lavagem e uma primeira limpeza, o café era distribuído para aeração e secagem.

Era maravilhoso usufruir tudo que o terreiro nos oferecia. Além da grande área plana para corrermos, procurávamos, no meio da infinidade de grãos, alguns umbilicalmente ligados pela mesma casca, aos quais dávamos o nome de Felipe. Coincidentemente, esse é o nome do meu neto (60 anos após).

Outro prazer era subirmos os montes de café, que eram cobertos por lonas protetoras verdes para impedir a penetração da umidade, e rolarmos até o chão.

O pôr do sol no terreiro era maravilhoso, e ao seu fundo ficava a fazenda São João, que fazia divisa com a nossa.

Ao lado da parte mais baixa do terreiro, havia uma rua de terra, em que ficava uma das colônias de trabalhadores e onde estava instalado o equipamento para beneficiamento do café, para a obtenção dos grãos limpos e, na sequência, ensacados.

Em uma ocasião em que estive em Garça, muitos anos depois, fui até a fazenda para matar as saudades e vi que estava em estado de conservação precário. O proprietário tinha diversas outras fazendas e o seu interesse era lucrar com a compra e venda delas, e não com a sua exploração agrícola. Mas, apesar do estado sofrível da propriedade, as instalações de beneficiamento continuavam boas e eram muito procuradas e utilizadas por outros fazendeiros locais.

Não distante do local de beneficiamento ficava o curral, que curtíamos e frequentávamos muito. Cedo o Arlindo, cocheiro da fazenda, deixava os cavalos arreados para a nossa montaria. Após o passeio os deixávamos para serem desarreados. Íamos também à cocheira para acompanhar a ordenha das vacas e o tratamento de cavalos e gado que apresentavam alguma anormalidade.

DIVISAS

As divisas eram a fazenda Santa Maria, de Ovídio e Fernanda Rizzo; a fazenda São João, da família Ribeiro, que ainda hoje são seus proprietários; a fazenda de Rocky Arone e um sítio que ficava ao lado dessa última propriedade. Curioso que sempre que se referiam à fazenda do Rocky Arone a citavam pelo nome do proprietário e não da fazenda. Grande parte das propriedades agrícolas da região tinham nome de santos (como a nossa).

Havia muitos motivos para minha forte ligação com a fazenda. Sou naturalista. Hoje é comum o culto à natureza, mas à época (60 anos atrás) não era. Olhava com encanto o céu e as árvores, com sua infinidade de verdes, e os pássaros.

Ainda hoje procuro desenvolver no jardim da minha casa as atividades que não exigem equipamentos. Na realidade, herdei essa característica de minha mãe e a transmiti à minha filha, também naturalista.

Sou ligado aos animais e em especial aos cavalos, sempre gostei de tratá-los e montá-los. Acompanhava e acompanho as corridas, sou frequentador do Jockey Club.

Mas há um outro fato que fazia da fazenda um local especial — a ligação com meu pai. Lá, era mais companheiro do que pai. Montávamos todas as manhãs. Logo cedo ele, minha irmã, meu irmão e eu saíamos para os passeios a cavalo e só voltávamos na hora do almoço. Nos passeios, os assuntos que conversávamos eram especiais, a fazenda, os cavalos, a lavoura de café, o terreiro, os pastos. Algo muito diferente da rotina chata do colégio, dos estudos e de outras chatices que vivíamos em São Paulo.

Meu pai era um excepcional cavaleiro e amansador de cavalos. Quando fez a cavalaria do Centro de Preparação de Oficiais da Reserva (Cpor), foi premiado com uma espada de prata, como melhor cavaleiro entre todos os oficiais. Essa espada está exposta na parede da sala de uma propriedade rural que possuímos em Botucatu.

Os trabalhadores da fazenda pediam que fizesse acrobacias em exercícios de terra cavalo. Colocava o animal no galope, saltava da sela, batia com os pés no chão e voltava à sela. Muitas vezes, fazia o movimento duplo. Saltava da sela, batia com os pés no chão pelo lado esquerdo do cavalo, girava por cima da sela, batia com os pés no chão novamente, pelo lado direito e só aí voltava à sela.

Às vezes, para espanto da plateia, ao invés de voltar à sela pelo lado frontal, de frente ao pescoço do animal, voltava sentado do lado oposto, dando frente ao rabo do cavalo. Fazia isso com tanta leveza que dava até a impressão de que era fácil.

Era também amansador de cavalos. Se estivesse com um animal que, na cocheira, tivesse o hábito de dar coice ou manotaço, começava a falar mansamente, ia se aproximando e logo estava passando a mão no seu pescoço. Vi pouquíssimas pessoas que tinham esse dom, inclusive entre treinadores e jockeys. Lembrei-me dele quando assisti ao filme *O encantador de cavalos*, com o artista Robert Redfford.

Um dos passeios que mais me agradava era quando íamos ao Rocky Arone. A divisa entre as fazendas ficava em uma área de pastagem. Enquanto nos cafezais dominava o verde-escuro, nos pastos, o domínio era do verde mais claro. Além disso, cruzávamos com gado e cavalos soltos.

Uma das coisas que me fascinava nesse passeio era a travessia do rio. Como nesse ponto ainda era estreito e raso, por estar próximo da nascente, a água batia somente no joelho dos cavalos, mas mesmo assim sentia uma sensação de liberdade e capacidade por passar pelo obstáculo.

Na temporada em que trouxemos nossa cachorra de São Paulo, ficamos apreensivos que ela não passasse pelo rio, mas que nada! Nadou tranquilamente, como se a água fosse seu habitat natural.

Em uma das vezes que tomamos o caminho para o Rocky Arone, encontramos, do outro lado da cerca, três pessoas que caminhavam a cavalo, observando a propriedade vizinha. Conversamos com eles e passamos a cavalgar juntos.

Um dos cavalos, montado pelo líder do grupo, era um campolino tordilho, de boa qualidade, mas que tinha um abscesso grande no pescoço, talvez por mordida de morcego ou por algum problema congênito. O cavaleiro tinha uma característica marcante, pois os nós dos dedos de uma de suas mãos estavam todos em carne viva.

Além do papai, da minha irmã e do meu irmão, estávamos acompanhados de mais duas pessoas que trabalhavam na fazenda. Um deles comentou que aqueles nós dos dedos da mão em carne viva indicava a utilização de soco inglês.

O soco inglês é um instrumento violento de briga. Consiste em uma série de anéis, interligados entre si por aço, que dão ao soco do agressor uma capacidade altamente destrutiva ao agredido. Aquilo me impressionou pois indicava que aquela pessoa deveria ter natureza violenta.

O ENTORTAÇO

Como ficávamos boa parte de nosso tempo em cavalos, era relativamente comum cairmos. Em boa parte dos casos era devido às barrigueiras não estarem devidamente apertadas. Mas eram, geralmente, quedas de pequena proporção.

Em uma vez, machuquei-me um pouco mais e, conforme o próprio termo que usei na época, ficou conhecido como o entortaço.

Estava montando o Capuxo, cavalo que costumeiramente montava e apostando corrida com um cavalo que estava sendo montado pelo filho de um dos trabalhadores da fazenda.

Estávamos passando por uma ponte estreita, no caminho que separava duas colônias da propriedade, quando percebi que a barrigueira do meu cavalo estava solta e podia virar a qualquer momento. Como estava exatamente ao lado do outro cavalo e a ponte era estreita, fiquei assustado com a possibilidade de cair exatamente sob as patas do cavalo que corria ao lado e ser pisoteado por ele. A saída que encontrei (sem poder pensar muito) foi me atirar para o lado oposto.

Ocorre que, como era uma ponte, embora a altura não fosse alta, o tombo foi muito grande, porque somava a altura do cavalo com a da ponte.

Ao tocar o solo à beira do riacho, fiquei completamente tonto e, ao olhar a minha mão, a vi completamente invertida, com a palma virada para cima. Como estava inchada e doía, comecei a gritar.

Fomos imediatamente ao hospital da cidade, onde fui engessado do cotovelo à mão. O trabalho foi bem feito e passados alguns dias tudo havia voltado ao normal.

Quando retornei ao hospital para o acompanhamento, o ortopedista explicou-me que a descrição que eu havia dado, de que a palma e a parte de cima da mão estavam invertidas não poderia ter sido real. O fato é que assim vi, certamente pelo estado de tontura em que me encontrava no momento.

AS COLÔNIAS

Havia três colônias na fazenda, onde moravam os trabalhadores e seus familiares. Eram pessoas bastante simples, com contato esporádico com as pessoas urbanas. O município de Garça é grande e a distância da fazenda à cidade era algo como 15 quilômetros. As idas à cidade ficavam restritas à utilização do caminhão da fazenda, pois àquela época os rurícolas não possuíam carros ou motos (como hoje).

Era um universo totalmente diferente do que estávamos acostumados, como cidadãos paulistanos. A linguagem falada era repleta de erros gramaticais, como a troca do l pelo r e um sotaque caipira bastante forte.

As festas também eram características. Não havia comemorações para as crianças e jovens sem o tradicional pau de sebo. Passava-se bastante sebo em um pedaço de pau comprido e forte, em cuja ponta colocava-se uma nota de dinheiro (de baixo valor) ou algum outro mimo, que ficava com quem conseguisse escalá-lo.

Era preciso uma habilidade excepcional para escalar o pau até o final. O participante tinha que se manter apoiado nas próprias pernas cruzadas, que por outro lado não podiam se apoiar muito no pau para não deslizar. Se ninguém conseguisse chegar ao topo, a prenda ficava com aquele que ficasse mais próximo.

Hoje, o trabalhador do campo, pelo menos nas áreas mais desenvolvidas do país, tem os mesmos hábitos do urbano. Tem carro ou moto, celular, roupas e hábitos semelhantes.

PESSOAS

ARLINDO: Arlindo era o cocheiro da fazenda. Tinha cor negra, era excelente pessoa e nos tratava com toda consideração (diria que carinho seria uma boa palavra). Estávamos muito com ele, pois éramos frequentadores assíduos da cocheira.

Meus pais diziam que eu era especialista em dar foras. Quando estavam com visitas, na minha presença, tinham preocupação com o inconveniente que eu poderia dizer.

Certa vez, meu avô me perguntou se havia algum presente que gostaria de ganhar e lhe disse que gostaria que me desse o Arlindo. Riu muito e explicou que as pessoas não têm dono e, portanto, não poderia me dar o presente.

O pedido me fazia sentido. Meu avô era dono da fazenda e o Arlindo trabalhava nela, logo era dono do Arlindo. Além de cocheiro, jogava no time de futebol da São José do Rio do Peixe.

ANGELIN: Angelin era um dos trabalhadores da lavoura de café. Era alto, forte e excelente caráter.

Jogava no time de futebol da fazenda, e ciente de sua força e do risco que isso poderia gerar para os jogadores adversários, jogava descalço. Naquela época, as travas das chuteiras eram muito duras e causavam, com alguma frequência, pernas quebradas e outros acidentes.

Ficou famoso, na história do futebol brasileiro, o lance em que Pelé quebrou a perna de Vitor, jogador do São Paulo, que costumava marcá-lo e usava e abusava da força física como seu principal instrumento para impedir suas jogadas.

Em um lance, Vitor entrou com tudo na perna do Pelé para atingi-lo, mas o grande crack, que sabia muito bem se defender, conseguiu desviar e colocou a trava de sua chuteira na perna do são-paulino, atingindo-o e quebrando sua perna.

Não sei até que ponto o fato de o Angelin jogar descalço era apenas devido à sua preocupação em não atingir o adversário ou se era, também, uma imposição deles para garantir sua segurança. Quando chutava a bola saía assoviando, com uma velocidade incrível.

Era o batedor de faltas e de pênaltis do time da fazenda. Me divertia (com um certo sadismo) quando ia cobrar o pênalti. O goleiro adversário nem pensava em defender e evitar o gol. Sua única preocupação (pânico) era evitar de ser atingido pelo petardo.

Na época, o Pepe, ponta esquerda do Santos e da seleção brasileira, era famoso pela violência de seus chutes. Seus pênaltis eram indefensáveis e, além da violência, eram muito bem colocados. Muitas vezes pensei se seria possível que o chute do Pepe tivesse a mesma violência e velocidade que o do Angelin. E o Pepe chutava com chuteiras e o Angelin descalço!

Em uma ocasião, fui vítima do chute dele. Estava jogando como goleiro no time infantil/juvenil da fazenda e ele participou do jogo, com todo o cuidado para não atingir ninguém. Ficou combinado que só chutaria para o gol da intermediária e com velocidade reduzida. Ao tentar defender uma bola por ele chutada nessas circunstâncias, o meu polegar da mão direita ficou inchado e demorou alguns dias para voltar ao normal. Coisas do football!

OTACINO: Otacino era mulato, de cabeça grande e, suponho, baiano. Era o administrador da fazenda e excelente profissional.

Antes de trabalhar na São José do Rio do Peixe, havia sido administrador na Fazenda Figueirinha, também em Garça, de Carlos de Barros, com cuja neta vim a casar. Carlinhos, como era chamado, era profundo conhecedor e exportador de café, com escritório em Santos.

Quando Carlinhos vendeu sua fazenda, Otacino veio para a nossa, também como administrador. Além de ótimo conhecedor de café e de administração de fazendas, era pessoa extremamente decidida, do tipo "não deixe para fazer amanhã o que pode fazer hoje".

Era casado com a Justina, uma moça muito mais nova que ele. Um dia lhe perguntaram se isso não lhe preocupava pela possibilidade de vir a ter "boi na linha". Com muita tranquilidade, respondeu que não, pois, caso isso ocorresse, o desinfeliz não passaria da esquina.

Junto ao progresso profissional veio a melhoria da sua condição de vida. Tinha uma boa casa na cidade e um sítio em Vera Cruz, município vizinho. Tinha também um Dodge azul-claro, de que me lembro muito bem.

Desligou-se ou foi desligado da fazenda antes de sua venda. Silvio de Barros, filho do sócio de meu avô, que fazia o acompanhamento gerencial e de resultados da propriedade, costumava dizer que o Otacino era ótimo administrador para uma fazenda produtiva, mas caro para uma com resultados medíocres, como a nossa nos últimos anos, que necessitava de um controle de custos mais intenso.

Quanto aos resultados, tanto meu avô quanto seu sócio, Pedro de Barros, não eram conhecedores de café e de fazenda. Investiram em sua compra e formação, porque o café era excelente negócio. Tão bom que, mesmo sem essas qualidades dos proprietários, gerou bons lucros durante alguns anos. Quando a "gordura" da atividade se reduziu, e foi necessária capacidade empresarial, a saída foi a sua venda.

Após o desligamento do Otacino, um fiscal de trabalhadores da fazenda foi promovido a administrador. Era pessoa de visão mais curta e que não tinha qualidade profissional para promover o retorno dos bons resultados.

Apesar de não mais ter tido contato com o Otacino, fiquei sabendo que perdeu seu sítio e sua casa e terminou seus dias como agenciador e transportador de boias frias para fazendas de café. Seu único bem era o caminhão de transporte dos trabalhadores.

Como o mundo é pequeno, em uma propriedade agrícola que temos em Botucatu, há um casal de trabalhadores originários de Garça, cujo avô da esposa trabalhou na São José do Rio do Peixe. Disse-me que a perda dos bens do Otacino foi devido a um filho consumidor de drogas, que lhe trouxe grandes aborrecimentos e decepções.

SÍLVIO DE BARROS: Sílvio era filho de Pedro de Barros, sócio do meu avô na fazenda. Como tínhamos relação de parentesco, o chamava de tio. Era quem fazia o acompanhamento das atividades e do resultado econômico e financeiro. Morava em Santos e ia à propriedade mensalmente.

Além de acompanhar os pagamentos e as vendas, percorria a lavoura juntamente ao administrador, muitas vezes a cavalo. Hoje, pode-se fazer o acompanhamento econômico e financeiro de qualquer local, com computadores e notebooks, mas naquela época só havia a alternativa presencial e, em um município distante como Garça, parte considerável do tempo era despendido com a viagem.

Era bem humorado e ria com facilidade. Em duas ocasiões, se divertiu muito com a minha "aptidão" para dar foras.

Quando passávamos lá as férias de julho, minha mãe vivia corrigindo os erros de português que que eu cometia, devido ao contato com os trabalhadores da fazenda e seus filhos. Sua preocupação era que eu desaprendesse.

Estava em uma fazenda próxima com meu pai, e o fazendeiro pediu-me para lavar o "purso", para comer um pé de moleque que havia colocado à mesa. Imediatamente lhe corrigi. Não é purso, é pulso!

Na volta para a São José do Rio do Peixe, meu pai estava uma fera comigo. Além de falar em alto tom, deu-me alguns beliscões, coisa que não costumava fazer, ao contrário de minha mãe, que usava e abusava dessa prática. "Como teve o descaramento de corrigir o fazendeiro!!!", gritava.

Fiquei atônito. Minha mãe me corrigia o tempo inteiro e bastou eu corrigir alguém para que o mundo caísse sobre mim. Não entendia os adultos e o pior é que o não entendimento sempre resultava em meu prejuízo.

Ao chegar à nossa fazenda meu pai disse à minha mãe: "Lenita (Maria Helena), você não sabe o que esse menino teve a petulância de fazer" e contou o ocorrido. Tio Sílvio, que lá estava, riu muito.

Dei outro fora ao responder uma pergunta que ele havia me feito em outra ocasião, e novamente riu muito. "Robertinho, você tem namorada?". E respondi-lhe, com toda sinceridade, "Não tenho. Até que gostaria de ter, mas ela precisaria ter peito. E as meninas com peito só se interessam por meninos mais velhos".

Tio Sílvio tinha três filhas, das quais conheci duas. Maria Rita, a mais nova, esteve uma vez na fazenda com ele, e, como o pai, era bastante descontraída. Estive também uma vez com sua filha mais velha, Maria Odila, que foi morar na São José do Rio do Peixe, com seu marido Jurandir, na tentativa de, com uma presença mais permanente, melhorar a administração do empreendimento. Entretanto, esse objetivo não foi alcançado e cerca de dois anos após essa última tentativa a fazenda foi vendida.

MARCAPIÃO/MISS SÃO PAULO: uma das colônias da fazenda tinha o nome de Marcapião, sobrenome de uma família de origem italiana que lá trabalhava. Em um dia, em uma de nossas férias de julho, a colônia estava em festa. Uma moça da família havia ganho o concurso de Miss São Paulo e estava visitando os pais.

Hoje, não se dá atenção a um concurso dessa natureza, mas àquela época era diferente. Me lembro de todas as misses Brasil desse período: Marta Rocha, Adalgisa Colombo, Teresinha Morango, Ieda Maria Vargas (miss Universo).

OUTRAS LEMBRANÇAS: Maura era uma bela moça (e tímida), que morava na casa do administrador. Como o Otacino era homem muito feio, com toda certeza era da família da sua esposa Justina, talvez sua irmã mais nova.

Moisés montava muito bem, além de falar um português correto. Penso que também tinha alguma ligação familiar com a família do administrador. Lembro-me dele apenas de uma temporada, pois estava de mudança para Bauru, centro de atração de empregos da região.

Natalina era nossa cozinheira. Além de ótima pessoa, sua comida era excelente, toda preparada em fogão a lenha. Era irmã do Angelin, a quem fiz várias referências. Gente de ótima qualidade e, a julgar pelos nomes, muito religiosos.

ANIMAIS

Capuxo foi o primeiro cavalo que montei na fazenda. Era castanho, de pequeno porte, mas ágil e veloz. Respondia prontamente a qualquer toque de rédea.

Depois foi o Guarani, um belo animal, castanho de cara branca e bom porte físico. Animal de ótima qualidade, juntos fizemos grandes passeios. Aliás, para não ser injusto com o Capuxo, também fiz jornadas inesquecíveis com ele.

Chamávamos o cavalo que meu pai montava de pretinho. Obviamente, não era esse seu nome, mas assim foi batizado por nós. Excelente animal e absolutamente obediente aos comandos. Era com ele que meu pai fazia as acrobacias de terra cavalo.

O cavalo do Marcello, meu irmão, era o Flexa, igualmente preto, que tendia ao acinzentado, devido ao efeito do sol em seus pelos. Não me lembro o nome do animal que a Cida, minha irmã, montava. Se não estou enganado, era uma égua, mas posso estar fazendo a associação pela identidade de sexo.

Fumacinha: foi uma estória muito interessante, para não ser esquecida. Havíamos saído para um passeio longo (para o Rocky Arone) e, numa região praticamente de mata, encontramos uma égua tordilha (cor de fumaça) em estado precaríssimo. De tão magra, viam-se todos os seus ossos. Pensamos que, devido ao seu estado, o proprietário havia desistido de tratá-la e a havia abandonado no mato, entregue à própria sorte.

Durante o passeio, decidimos que voltaríamos no dia seguinte, com laço, para levá-la para a fazenda e cuidar da sua recuperação. Combinamos com o Ovidinho, da fazenda Santa Maria, nossa vizinha, também apaixonado por cavalos, que ele também participaria da operação. Diga-se, de passagem, que o cavalo dele era um belíssimo mangalarga baio, chamado Império, cujo nome combinava com seu aspecto garboso.

Dito e feito, no dia seguinte estávamos lá novamente, a prendemos com o laço e levamos a fumacinha (nome que lhe demos) para a São José do Rio do Peixe e começamos a lhe dar trato adequado.

Surpreendentemente, depois de algum tempo, após as férias já estarem terminadas, soubemos que seu proprietário apareceu na fazenda e a levou de volta.

Havia também na fazenda um belo cavalo mangalarga alazão, chamado Brasil, de propriedade do Otacino, que após algum tempo levou-o para seu sítio em Vera Cruz. Era filho de Tibagi, cavalo famoso na região, por sua beleza e mansidão, que era de propriedade de Carlos de Barros (fazenda Figueirinha).

Bovinos: Japonês, touro indubrasil cinzento, que tinha um grande cupim sobre a palheta e olhos pequenos e apertados, razão de seu nome. Aliás, cupim grande e olhos apertados são característicos do zebu, gado de origem indiana.

Tivemos um bezerro holandês preto e banco, a que demos o nome de Bandeirinha. Nos foi dado pela fazenda Santa Rosa, uma das poucas da região cuja atividade principal não era o café. Eram produtores de leite e criadores de holandês preto e branco e vermelho e branco. Como a criação dos bezerros machos não era interessante economicamente, davam os produtos desse sexo.

O nome de Bandeirinha vinha do fato de que era predominantemente preto, mas tinha na cara uma parte branca, fazendo com que o contraste desse uma aparência de bandeira.

Cachorros: ganhamos, de um grande amigo de nossos pais, um belo filhote pointer (perdigueiro), branco e marrom, que levamos para a fazenda. Como o proprietário anterior o perfumou com lavanda quando fomos retirá-lo de sua casa no bairro de Higienópolis, foi batizado com o nome de Cheiroso. Não sobreviveu à vida na fazenda, em que diversos cachorros disputavam cada espaço.

A nossa cachorra de São Paulo, que lá passou uma temporada, nos acompanhava nos passeios a cavalo e ao final das férias pariu sete filhotes.

MÚSICAS E RÁDIO

Sempre fui muito ligado à música. Três delas me trazem a São José do Rio do Peixe à memória.

A primeira é Conceição, de Jair Amorim, com o grande Cauby Peixoto. Em um dos julhos, nas férias em que lá passávamos, era o grande sucesso musical. Dominava os programas de todas as estações de rádio. Impossível não fazer a ligação.

Lampião de Gás e Saudades de Jereré, ambas cantadas pela inesquecível Inezita Barroso, são outras composições que associo à fazenda.

Quando estive de passagem em Garça, muitos anos após a venda da fazenda, a casa sede estava abandonada e nenhum móvel havia sido acrescido ou retirado. Ao entrar na sala, me deparei com a console e o velho rádio de madeira que meu pai escutava, exatamente na mesma posição em que ficavam. Foi uma enorme emoção e não consegui conter as lágrimas. Só não chorei copiosamente porque estava com meu cunhado (e ainda havia em mim um resquício daquele "homem não chora").

Também me emocionei quando, ao entrar no banheiro, lá estava intocável a grande banheira, apoiada em quatro pés pequenos, mas resistentes, em que tomávamos banho de imersão.

OUTRAS FAZENDAS DA REGIÃO

Várias outras fazendas em Garça fazem parte de minhas memórias.

FAZENDA SANTA MARIA: certamente, a que mais me marcou. Fazia divisa com a nossa. Exatamente no mesmo local em que a estrada vinda de Garça desviava à direita em direção a São José do Rio do Peixe, havia um desvio à esquerda para a Santa Maria.

A proximidade não era apenas física, mas também humana, pois meus pais tornaram-se muito amigos dos seus proprietários, Ovídio e Fernanda Rizzo. Com muita frequência, íamos a Santa Maria ao final das tardes e, enquanto eu e meu irmão jogávamos futebol com os trabalhadores da fazenda, meus pais papeavam com o casal Rizzo.

Ovídio Rizzo era de fato um fazendeiro de café. Boa parte das fazendas em Garça eram de proprietários que viviam em São Paulo (Capital) e a atividade do café representava um adicional aos seus rendimentos de outras atividades. Além disso, para boa parte deles, a fazenda era também um *hobby*, o local onde passavam suas férias.

Ovídio vivia fundamentalmente do resultado de suas fazendas. Além da Santa Maria possuía a São Luiz, também em Garça, e uma outra propriedade agrícola em Duartina, município próximo.

O casal tinha dois filhos, Carlos Gustavo (Chavo) e Ovídio (Ovidinho), que eram pouco mais velhos que meu irmão e eu. O Chavo era ligado ao futebol, sendo bom jogador, mas não tinha interesse em cavalos. Ovidinho, ao contrário, dedicava o seu tempo aos cavalos e não tinha interesse em football. Tinha dois belos animais, um mangalarga baio, Império, que montava regularmente e um alazão, também muito bonito.

Após a venda da São José do Rio do Peixe, perdemos contato com eles, embora tivessem apartamento em São Paulo, no bairro de Higienópolis. Mas estivemos no casamento do Chavo, cuja recepção foi em um salão da Sears Roebuck, grande loja de departamentos americana que ficava próxima à Avenida Paulista, no local onde hoje fica o Shopping Pátio Paulista. A Sears Roebuck acabou saindo do Brasil

FAZENDA PARAÍSO: fazenda de cerca de cinco mil alqueires, muito bem formada, uma das maiores, senão a maior da região. Seu proprietário era Olavo Ferraz. Além da produção de café, desenvolvia diversas outras atividades agrícolas, de forma que seus trabalhadores podiam se abastecer, ao menos em parte, na própria propriedade.

Fui colega, no final do curso primário, de José Henrique, neto do proprietário e passei um dia com ele na Fazenda. Havia uma grande represa, que certamente era usada na geração de energia elétrica para autoconsumo. Ele se banhou na represa e não pude acompanhá-lo, pois estava sem shorts e a Paraíso era distante da São José do Rio do Peixe.

Depois fomos para a mata nativa, onde cevavam animais silvestres e tinham um posto de observação ao alto, onde se podia apreciar os animais que vinham se alimentar. Um dia para ser lembrado.

Tragicamente, o José Henrique veio a falecer afogado na represa da fazenda.

HARAS FAZENDA NOVA: Teotônio e Paulo Piza de Lara, além de produtiva fazenda de café criavam cavalos de corrida, o Haras Fazenda Nova. Não é difícil imaginar o quanto foi marcante a visita. Apesar da pouca idade, acompanhava as corridas de cavalo e os irmãos Lara estavam entre os maiores e melhores criadores e proprietários brasileiros.

O reprodutor francês Mon Chéri, que havia gerado excelentes animais, como Leigo, ganhador do Grande Prêmio Brasil, havia falecido no haras recentemente. Os reprodutores utilizados, naquele momento, eram Ciro e Guaraz. Acompanhei a campanha de Ciro. Ganhou algumas provas clássicas em uma época em que havia grandes cavalos correndo no Brasil, como Gualixo, Quiproquó e El Aragonês.

Além do citado vencedor do grande Prêmio Brasil, vários outros cavalos criados no haras cumpriram campanhas clássicas, como Leque, Garça (nome em homenagem à cidade de nascimento) e Ica.

FAZENDA IGURE: outra fazenda de porte e excelente produtora de café na região.

Estive uma única vez na fazenda, mas, pelas circunstâncias, a visita foi inesquecível. Fui no caminhão da São José do Rio do Peixe, que estava levando os jogadores para participar de um jogo contra a Igure. Enfiamos uma goleada de quatro a zero, em plena casa do adversário.

Na época não tinha noção da importância da Igure. Vim a realizar isso muitos anos depois, ao ler no *Estadão* (*O Estado de São Paulo*) que havia sido vendida. Ora, um jornal desse porte não anunciaria a venda de uma fazenda qualquer.

FAZENDA FIGUEIRINHA: a fazenda Figueirinha era de Carlos de Barros, exportador de café, com escritório em Santos e profundo conhecedor do produto. Não era uma propriedade grande, mas extremamente produtiva. Seu administrador era o Otacino que, após a venda da fazenda, veio a exercer a função na São José do Rio do Peixe.

O mundo é tão pequeno que vim a casar com uma neta do Carlos de Barros.

Uma característica marcante da Figueirinha (ao menos para mim) era a sua entrada através de um frondoso bosque de bambus. Muitos anos após minha última visita, estive em Garça com meu cunhado e aproveitamos a oportunidade para rever a São José do Rio do Peixe e a Figueirinha e reconheci a entrada dessa pelo bosque, que continuava imutável.

FAZENDA SANTA ROSA: uma das poucas do município de Garça, cuja atividade principal não era o café. Eram produtores de leite e criavam gado holandês preto e branco e vermelho e branco. Nos deram o bezerro Bandeirinha.

FAZENDA MARISTELA: de propriedade dos Artigas. Além do café, tinha um pequeno haras de cavalos de corrida (puro sangue inglês). O reprodutor, Muroc, não foi animal clássico, mas era um belo cavalo de pelagem alazã.

FAZENDA SANTA RICARDA: não cheguei a entrar na sede da fazenda, mas passei próximo diversas vezes. Era dos Moraes Barros e um dos motivos que me leva a citá-la é que sou amigo de um neto do então proprietário. Pelas várias vezes em que estive próximo, acho que a estrada de terra que a ligava a Garça era a mesma que levava a São José do Rio do Peixe.

Tinham também equipamentos de beneficiamento de café na cidade e disso me lembro bem. Lá estive uma vez, com Ovídio Rizzo, que havia enviado o café de sua fazenda de Duartina para beneficiamento.

VENDA SECA

Na estrada que ligava Garça a São José do Rio do Peixe e outras fazendas da região havia uma venda construída em madeira, que comercializava alimentos e outros produtos básicos. Como expresso no nome não vendia bebidas (alcoólicas).

Apesar da pouca expressão econômica da venda, tinha um time de futebol com bons jogadores. Se não estou enganado, jogavam mesclados aos jogadores da fazenda Santa Maria.

Dois desses jogadores tinham nível diferenciado. O goleiro Jofre era ágil e se atirava para defender a bola, ao estilo do grande Gilmar (dos Santos Neves). A maioria dos goleiros dos times de fazenda, na época, ainda jogavam fixos embaixo das traves, sem essa mobilidade.

Havia também um ponta direita muito comentado, chamado João Tavares. Lembro-me que, em uma reunião de pessoas que discutiam football, um deles se referiu a ele como "João Tavares, o homem das cruzadas infernais".

A RELATIVIDADE DA IMPORTÂNCIA

Todas as pessoas citadas nessa memória foram importantes em minha vida. A maioria delas, já falecidas, sequer tiveram conhecimento de quão importantes foram para mim.

Sempre pensei nessa relatividade. Da mesma forma, muitas vezes não temos conhecimento da importância que temos e tivemos para terceiros.

Penso que a ignorância em relação ao sentimento do próximo, embora enigmática, é sabia. Artistas, muitas vezes, escreveram, cantaram e esculpiram com base em pessoas com quem nunca tiveram proximidade.

AS PERDAS

Durante um tempo, ao longo do meu curso primário e início do ginasial, me julgava uma pessoa privilegiada por ter viva todas as pessoas próximas, pais, irmãos e avós, enquanto meus colegas já haviam perdido alguns desses entes queridos.

Naturalmente, o tempo acabou por terminar esse sentimento. Como todos, as perdas vieram e foram muito intensas. Algumas prematuras e muito sofridas.

Além das perdas humanas, perdas de situações e de locais. A fazenda São José do Rio do Peixe, por exemplo, foi uma grande perda.

Penso que uma das maiores sabedorias é saber lidar com as perdas. Para muitos, a perda é o extinto, o que não mais existe. Os que assim pensam, talvez como uma defesa, deixam de viver e apagam sua história.

O fundamental, sem ignorar a perda temporal, é conservar esse passado vivo em nossas vidas, fazendo parte de nossa história.

É claro que nada é simples. O sofrimento é grande, às vezes parece insuportável. Há ocasiões em que a desesperança parece tomar conta e as perdas parecem definitivas. Mas a vida continua, a esperança volta e o passado é transformado, não destruído. E a nossa história continua sendo escrita.

A Fazenda São José do Rio do Peixe continua viva em mim.

REFERÊNCIAS

DONNE, J. *Devotions upon Emergent Occasions*. London: Stationers' Company, 1624.

EINSTEIN, A.; FREUD, S. *Por que a guerra?* Liga das Nações Unidas, 1932.

HEMINGWAY, E. *Por quem os sinos dobram*. Rio de Janeiro: Bertrand Brasil Ltda, 2022.

KEATS, J. *Endymion*. London: Taylor and Hessing of Fleet Street, 1818.

KISSINGER, H. *Diplomacia*. Rio de Janeiro: Francisco Alves, 1997.

NIETZSCHE, F. *Assim Falou Zaratustra*. São Paulo: Edipro Editora, 2019.

PIKETTY, T. *O Capital no Século XXI*. Rio de Janeiro: Intrínseca Ltda, 2014.

PORTO, R. L. *Ouse ser quem você é*. São Paulo: Literare Books International, 2023.

ROHDEN, H. *Einstein e o enigma do universo*. São Paulo: Martin Claret, 1993.

SMITH, A. *A riqueza das nações*. São Paulo: WMF Martins Fontes Ltda, 2016.